長崎県立
対馬歴史民俗資料館
所蔵資料

朝鮮国信使絵巻（文化8年）

大阪歴史博物館
所蔵資料

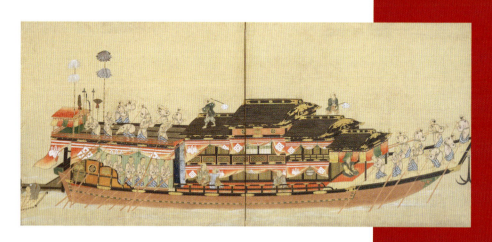

正徳度朝鮮通信使上々官第三船団図（上）
正徳度朝鮮通信使国書先導船団図（下）

朝鮮通信使小童図（英一蝶）上
松下虎図（卞璞）下

高麗美術館所蔵資料

馬上才図（二代目鳥居清信）

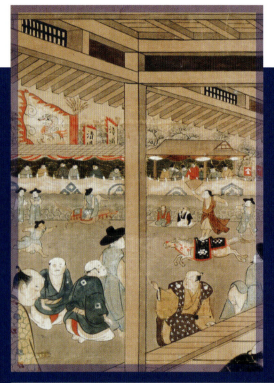

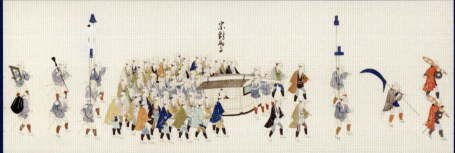

朝鮮信使参着帰路行列図（中 2 枚、1711）
宗対馬守護行帰路行列図（下）

ユネスコ世界記憶遺産と朝鮮通信使

仲尾　宏
町田一仁

共編

明石書店

ユネスコ世界記憶遺産と朝鮮通信使

目　次

登録申請した資料については、NPO法人朝鮮通信使縁地連絡協議会(縁地連)のホームページに一覧表と画像があります。縁地連のホームページもあわせてご覧ください。

http://enchiren.com/

ユネスコ世界記憶遺産(Memory of the World)については、昨年6月、日本政府が「世界の記憶」と表記をあらためているが、本冊子では、本案件の申請時の表記である「世界記憶遺産」とし、必要な場合のみ(世界の記憶)と付記した。

『ユネスコ世界記憶遺産と朝鮮通信使』
刊行にあたって

NPO 法人朝鮮通信使縁地連絡協議会理事長

会長　松原　一征

　このたび、私ども日韓の両団体（NPO 法人朝鮮通信使縁地連絡協議会・財団法人釜山文化財団）は長年にわたる友好交流の上に、4 年の歳月を経て、2016 年 3 月 30 日に、「朝鮮通信使」を共同でユネスコ世界記憶遺産へ申請いたしました。

　それは、朝鮮通信使がもつ平和友好の普遍的価値を世界の人びとと共有したいからにほかなりません。

　朝鮮通信使は、当時日朝両国が対等の関係でたがいに相手の立場を理解し、武力を用いず、話しあいによる努力を重ねて実現できたものであり、またその結果、17 世紀から 200 年間にわたり平和を維持できたものであります。では、その後の 20 世紀はどうだったでしょうか。

　残念ながら 20 世紀は戦争の世紀といわれました。戦争によって多くの尊い生命や、人権、そして環境までもが失われました。現在の 21 世紀は、その失われた人権や環境を回復する世紀でなければなりません。ところが、いまだに世界の各地では、紛争やテロが絶えることなく起きています。ユネスコ憲章の一文に「戦争は人の心の中で生まれるものであるから、人の心の中に平和のとりでを築かなければならない」とあります。今こそ、世界の人びとが平和友好を希求しつづけた「朝鮮通信使」に学ばなければならないと思います。

　当時、対馬藩儒として朝鮮外交の実務にたずさわった雨森芳洲

は、隣国との交流の精神を「誠信の交わり」であることを説き、「互いに欺かず、争わず、真心をもって交わる」ことが大切であることを教えています。そうした、誠信交隣の絆は国内の各地に文化財として受けつがれ、今も現地の人びとによって大切に保存されています。

　当時、朝鮮通信使が経路したゆかりの地の人びとが今に伝えている貴重な足跡を、本書を携えて訪ね歩いていただきたいと思います。

　そこには、平和や友好の歴史が見えてくるでしょう。

『ユネスコ世界記憶遺産と朝鮮通信使』
出版を記念して

ユネスコ世界記憶遺産登録韓国推進委員会共同委員長

釜山文化財団　代表理事　柳　鍾穆

　韓国の財団法人釜山文化財団と日本のNPO法人朝鮮通信使縁地連絡協議会が共同で申請した「朝鮮通信使に関する記録」が去る10月31日（パリ現地30日）、ユネスコ世界記憶遺産（世界の記憶）に登録されました。韓日両国の民間団体が中心となって推進した結果だけあって、その意義はさらに大きいと思われます。

　朝鮮通信使は戦争で断絶された日韓両国の関係を回復し、対等な関係で双方往来する善隣の歴史を構築しました。1607年から1811年まで12回にわたって朝鮮通信使が往来した200年あまりのあいだは、日韓両国間で戦争がなく平和な時期でした。　隣接した国家間でこのように長い期間、戦争がなかったのは世界史的にも珍しいことであり、朝鮮通信使は「平和の象徴」として位置づけられます。

　長い期間、両国を往来した私たちの先祖が残した記録や書画などは今日、各地に伝わっており、その価値が今回のユネスコ世界記録遺産登録で新たに証明されています。

　もはや朝鮮通信使は日韓両国だけの資産ではなく、全世界が保存しなければならない世界の資産になりました。貴重な資産を私たちの子孫に継承するため、今後、朝鮮通信使の"善隣友好"、"誠信交隣"の精神を広く知らせるよう、より努力していく必要があります。

最後に、本書を通じて平和と友好の歴史的な足跡を振り返り、今を生きる私たちの役割を再度考えてみる契機にしていただければ幸いです。

I

ユネスコ世界記憶遺産登録、経緯と意義

「朝鮮通信使に関する記録」をユネスコ世界記憶遺産に登録－その経緯・意義・課題

仲尾　宏

　2012 年以来、NPO 法人朝鮮通信使縁地連絡協議会（縁地連）が韓国の財団法人釜山文化財団と共同して進めてきた「朝鮮通信使に関する記録」が 2017 年 10 月 31 日（パリ：現地時間 10 月 30 日）にユネスコ（国連教育科学文化機構）の世界記憶遺産（世界の記憶）に登録された。本案件と同時に登録されたものに、日本政府推薦の「上野三碑」がある。この 2 件を加えて、日本のユネスコ世界記憶遺産は 7 件となった。

1　申請までの経緯

　本案件は、韓国の朝鮮通信使顕彰事業を推進してきた釜山の人びとがかねてからの意向として、日本の縁地連にその構想を打診してきた。具体的に提案されたのは、2012 年 5 月に釜山で開催された「朝鮮通信使ゆかりのまち全国交流会釜山大会」を兼ねた「朝鮮通信使祭り」のときであった。縁地連では早速その具体化を検討し、同年 10 月に「ユネスコ登録実現の道をさぐる特別講演会」を対馬市で開催した。講師は日本ユネスコ協会の委員を務めていた西村幸夫東京大学教授と縁地連の研究部会長を務めていた私であった。また、釜山でも国際シンポジウムが同月に開催され、これにも参加した。そして、日本国内での取り組みを縁地連として具体的に進めるため、同年 11 月に京都市で縁地連の臨時

総会を開催して、この事業の推進を決議した。

　本案件の事業推進にあたっては縁地連が申請主体となるため、その組織をＮＰＯ法人化したうえで、2014年5月に縁地連内に推進部会を設置して松原一征縁地連理事長が部会長に就任した。推進部会には最終的に13市町、4県、3民間団体が加わった。加盟団体は別表1のとおりである。

別表1　縁地連推進部会参加団体

市町村	13	対馬市、壱岐市、下関市、上関町、呉市、福山市、瀬戸内市、京都市、近江八幡市、長浜市、名古屋市、静岡市、日光市
都道府県	4	長崎県、福岡県、山口県、滋賀県
民間団体	3	朝鮮通信使対馬顕彰事業会（対馬市）、〈公財〉蘭島文化振興財団（呉市）、芳洲会（長浜市）

　また、推進部会の諮問機関として日本学術委員会が設置され、私のほか、貫井正之（元名古屋外国語大学講師）、倉地克直（岡山大学教授：当時）、齋藤弘征（対馬市文化財保護審議会会長）、町田一仁（下関市立考古博物館長：当時）、佐々木悦也（長浜市高月町観音の里歴史民俗資料館副参事：当時）の6名が委員となり、私が委員長、町田が副委員長に選出された。

　韓国側でも釜山文化財団により推進委員会が組織されるとともに、そのもとに11名の委員からなる学術委員会が設置され、委員長には姜南周（前釜慶大学総長）が就任した。

　両国の学術委員会では、それぞれの国の朝鮮通信使資料の調査を行ったうえで、これを審査し、登録資料を選定するとともに、申請書案を作成した。また、共同学術会議を開催して、選定資料

の相互審査と申請書案のすり合わせを行った。日本学術委員会は10回、共同学術会議は11回開催し、双方の登録資料についての合意を得、申請書の成案を得た。そして、これを英文に翻訳し、2016年3月30日にフランスのパリにあるユネスコ本部に申請書を提出した。

2　登録資料の選定と申請書作成

　ユネスコ世界記憶遺産の登録対象は、手書き原稿(直筆の文書)、書籍、ポスター、図画、地図、音楽、写真、映画などの記録類であり、工芸品や民具、楽器、衣服、食器などの動産類は対象外である。これまで登録された著名なものとしては、「アンネの日記」、「ベートベン第9交響曲の自筆楽譜」、「カール・マルクスの資本論初版原稿」、日本の「山本作兵衛炭鉱記録画・記録文書」、藤原道長の「御堂関白記」、「東寺百合文書」などがある。

　登録は2年ごとに行われ、各国2件の政府推薦枠がある。ただし、2カ国以上にまたがる共同申請は、この枠対象から除外されるとともに、民間でも申請することが可能である。その例として、バルト三国の市民による「人間の鎖に関する記録」などがある。本案件についても、この制度の存在を知ったことが申請を決意する弾みとなった。

　ユネスコ世界記憶遺産の登録基準は厳しいものがある。第1に「真正性」が問われる。第2はその案件が有する「世界的重要性」である。また、第3は「希少性」、つまり唯一性である。さらに、保存管理計画が策定されて確実に実行されること、なるべく多くの人に公開されることが求められる。たとえば、いかに優れた物

件でも「写本」や「模本」は対象にはならない。もちろん、所有者の承諾も必要である。今回の登録に際しても、残念ながら所有者の承諾が得られず、登録申請から除外せざるを得なかったものがあった。

　以上の条件のもと、学術委員会で登録資料の選定を進めるにあたり、次の手順によって調査および審査を行った。

　まず、今回の申請にあたり、その意義について論議し、申請案件の申請書「概要」を文章化した。「概要」は申請書の最初に記述することになっており、この出来次第でユネスコの専門委員の興味を喚起し理解を得ることができるからである。しかしながら、これは英文で 200 ワードの制限がある。朝鮮通信使のような 200 年にわたる記録の時代背景や現代的な意義をその範囲で叙述することはとても困難であった。

　そして、その概要に記載した意義に沿うよう登録資料の選定を行った。前述の諸条件を満たすために、その価値付けが行われ保存が担保されている国・県・市町の指定文化財となっているものを優先した。また、未指定であっても公立の博物館・美術館・資料館などの文化財保存公開機関で所蔵され、価値付けと保存が担保されているものも取り上げた。さらに、それ以外でも朝鮮通信使理解に不可欠なものについても選定した。

　そして、これを韓国学術委員会との共同学術会議に提示して、合意に達したものを登録申請資料とする、という順序を踏んだ。

　韓国では文化財保護行政が日本と異なることもあって、登録申請資料の選定には苦労があったようだが、日本の研究者からみても妥当とされる資料を選定するよう努力された。両国の登録資料のあり方の特徴は、日本では西は対馬から東は東京を経て日光まで、広域にわたって寺社や博物館、個人宅などに存在しているが、

韓国ではソウルや釜山などの大学や国公立博物館などにほぼ限定
さている。これは、近世における統治構造の差というよりも、通
信使が江戸や日光までの長い旅程のなかで、日本の各地において
交流を行ったという史実を反映しているといえる。また、通信使
の旅行の記録である「使行録」は当然のことながら韓国にあり、
その内容は通信使のあり様を具体的に今に伝える優れた記録であ
る。

　ときには両国のあいだで立場の違いなどから討論が白熱したこ
ともあったが、最終的には認識を共有して、合意形成が図れた。

3　登録資料とその分類

　「朝鮮通信使に関する記録」の登録資料件数は、111件333点
である。これらの資料は、その内容から外交記録、旅程の記録、
文化交流の記録に分類した。その内訳は別表2のとおりであり、
各資料と所蔵先については、第Ⅳ部122ページ以降の資料リスト
を参照されたい。

　外交記録は、朝鮮と日本の国家機関で作成された公式記録や外
交文書である。通信使の本来的な使命や通信使のあり方を裏付け
るものであり、朝鮮国書や通信使贈録などがこれにあたる。旅程
の記録は、通信使の具体的な様相や通信使に対する日本人の対応
などを記録したものである。使行録、通信使を応接した各藩の供
応記録、通信使の行列図や船団図などの記録画などがこれにあた
る。文化交流の記録は、通信使と日本の各階層の間で行われた学
術交流の成果、来日中に芽生えた信頼関係を証する記録などであ
る。通信使の詩文、筆談唱和した記録などがこれにあたる。

別表 2　登録資料数

登録対象資料	111 件	333 点	所蔵先：34 機関 3 個人
外交記録	5 件	51 点	
旅程の記録	65 件	136 点	
文化交流の記録	41 件	146 点	
韓国所在資料	63 件	124 点	所蔵先：9 機関
外交記録	2 件	32 点	
旅程の記録	38 件	67 点	
文化交流の記録	23 件	25 点	
日本所在資料	48 件	209 点	所蔵先：25 機関 3 個人
外交記録	3 件	19 点	
旅程の記録	27 件	69 点	
文化交流の記録	18 件	121 点	

　登録資料の目録化にあたっては、点数の多い資料の場合、名称については「〇〇関係資料」として一括資料名で整理した。これは文書や記録類などの場合、一括資料名とした方がその内容を理解しやすく史料的な価値が高くなること、また、ユネスコの専門委員が審査にあたって容易に資料を判別できるようにする必要があったからである。

　なお、登録された資料のほかにも、優れた歴史的な価値を有するものが少なからず存在している。登録に漏れたからといって、いささかもその価値を減ずるものではないことを付記しておきたい。

4 登録の意義と今後の課題

　このたびのユネスコ世界記憶遺産の登録実現は両国の人びとだけではなく、両国以外の人びとに大きな影響をもたらすだろう。まず、第1に朝鮮通信使の事跡が両国の国内で「市民権」を得たことである。朝鮮通信使はもはや、専門の研究者や一部の地域などの財産ではなく、世界に認められた「資産」となったことである。この資産は今までに両国をおいて登録が認められた他の資産と同様に、全国民的資産となったのである。第2にその意義を世界に発信することで、日本と韓国が世界に誇りうる歴史を共有していた、という史実を諸外国や諸民族に知らせ、これからの歴史を創造していく世代の財産としうることが可能となったのである。

　その結果として期待したいことは、若い世代のなかから朝鮮通信使のことに強い関心を抱き、研究に携わる人びとが輩出することである。そして、今までの研究において十分に掘り下げていなかったことを研究したり、新しい資料や史実の発見に意欲を燃やして成果を挙げていただきたいことである。また、朝鮮通信使の関連地域では新しい資料の発掘とともに、地域の誇りとして通信使の事跡を再評価し、新たな角度からその意義を問い直して地域振興のために活用していただきたいことである。

　ユネスコからは登録資産の保存と公開が課されている。しかしながら、資料の保存については技術上の困難さ、そしてそれを克服するための財政的な制約などの課題がある。それらの課題解決は、それぞれの登録資料が所在する地方自治体に負うところが多い。また、一地方自治体だけでは解決困難な場合もある。国レベルの対応を含めた対策が必要となるであろう。

　このたびのユネスコ世界記憶遺産登録を契機として、一層の研

究の深化と関連地域の相互連携、地域住民の理解が進むことを期待している。

　なお、申請作業にあたっては、対馬市の縁地連事務局のスタッフが事務を担当し、長崎県の国際課や文化振興課が行政的なアドバイザーとして推進部会や学術委員会などに出席した。とりわけ、対馬市のご努力には深甚なる感謝を申し上げる。

　　　　　（朝鮮通信使ユネスコ記憶遺産日本学術委員会委員長）

Ⅱ

日韓市民の相互理解から世界記憶遺産への道

対 談

ユネスコ世界記憶遺産登録 申請をめぐって

姜　南周
朝鮮通信使ユネスコ記憶遺産
韓国学術委員会委員長

仲尾　宏
朝鮮通信使ユネスコ記憶遺産
日本学術委員会委員長

姜　南周　　　　　　　　　　仲尾　宏

1　日韓両国の朝鮮通信使研究について

仲尾宏　まず、日本における朝鮮通信使研究からお話しします。日本の朝鮮通信使研究の歩みを簡単にふり返ってみます。戦前から朝鮮通信使に関心をもって研究している学者はおりました。それらは戦後に引きつがれておりますが、戦後は二つの大きな流れがあります。

　一つは、朝鮮通信使を学問として研究しようとする方々、名前を挙げますと田中健夫先生、三宅英利先生、とくに三宅先生は1996年に『近世日朝関係史の研究』という大著を出されました。これは今でも大変役に立つ立派な本です。

　もう一つは、朝鮮通信使を世の中にもっともっと広めねばならない、そういう関心をもった人びとがいました。それは主に在日

コリアンの方々です。その方々は朝鮮通信使の専門家ではありません。たとえば姜在彦先生は思想史の研究、李進熙先生は考古学が専門です。こういった方々が在日コリアンの子どもたちに対して通信使のことを知らしめて、「日本と朝鮮がこんなにうまくいっていた時代があるんだよ」ということを特に強調されました。

それから、辛基秀先生もいらっしゃいます。辛基秀先生は、朝鮮通信使にかんするいろんな遺物、遺品を集めてコレクションとして、多くの人に紹介しました。そして、マスコミにも取り上げられるようになりました。

そういうなかで、私も朝鮮通信使に強い関心をもって本格的に研究をするようになりました。同時に、朝鮮通信使にかんする研究は各地でそれぞれの研究者、あるいは博物館の学芸員の方々、そういう人びとも関心をもつようになり、ますます広まりました。

そして、朝鮮通信使縁地連絡協議会、縁地連ができました。そのなかで研究活動をもっと真剣にやらなければならないということを感じまして、縁地連の研究部会として朝鮮通信使関係地域史研究会というものをつくりました。縁地連は 1995 年の結成で 20 年を越えましたが、研究会も 2005 年の結成で 10 年を越えました。2 年前にやっと紀要を発刊することができました。これから本格的にとりくみたいと思います。

でも、韓国と比べると、まだまだ研究者の層は厚くないです。ですから、韓国に負けてはならないという気持ちで、これからも頑張っていきたいと思います。

姜南周 では、韓国の朝鮮通信使研究についてお話しします。韓国の朝鮮通信使研究は、2000 年以前はあまり深いとはいえず活発ではありませんでした。終戦後からその頃まで、朝鮮通信使に対してはあまりいい気持ちをもっていなかった方が多かった。以

前、私が何回もお話をしたことがありますけれども、朝鮮通信使は朝貢の使節ではないかと、そんな意識をもっている人が多かったため、一部の学者を除いては研究に積極的にとりくんでいなかったと思われます。

ただ、日本の田中健夫、三宅英利先生のような先行研究者はもちろん仲尾宏先生、辛基秀先生、李進熙先生、姜在彦先生の影響で、朝鮮通信使の意味が少しずつ少しずつ理解されて、研究を始めた方はいます。しかし、それは本格的な朝鮮通信使研究者ではないんです。韓日関係史のなかの一部、または使行録に対する文学的な接近、遺作品に対する美術的な接近など非常に部分的であったと判断しています。ただ、最近ではありますが、孫承喆氏のような一部の学者は朝鮮通信使を中心に日韓関係史をかなり深く研究したことや、許敬震、韓泰文氏のように文献の文学的な接近を通じ相当な成果を挙げている方がいることも事実です。

だが、2000年に朝鮮通信使文化活動がはじまります。ここ釜山で朝鮮通信使行列再現文化事業会ができたのが2001年からです。

そして、2002年のワールドカップのとき、はじめて朝鮮通信使行列再現ができました。それから、朝鮮通信使に対して、市民が少しずつ少しずつ関心をもちはじめ、朝鮮通信使への関心が高まった。それから、朝鮮通信使文化事業会ができたあとは、研究を刺激する装置として2005年から朝鮮通信使学会ができたのです。

その前も学術活動は少しありましたが、学会でも学者はあまり多くないので、内容もそんなに活発ではありませんでした。

日本と比べれば不十分ですけれども、それから徐々に朝鮮通信使を研究対象とする国内の朝鮮通信使の活動に対する学問的な根拠を備えるため学会が結成され、研究の成果物として学会誌

が創刊されたのも 2005 年でした。 創刊のための準備段階として 2002 年にはシンポジウムも開催しました。2003 年には仲尾先生も基調講演をなさってくださいました。その学会誌が今年で 23 号が発刊されました。その後、学者が少しずつ増えて、通信使研究が進むようになりました。

　朝鮮通信使の貴重な資料、それらは日本に多いですが、韓国にも国史編纂委員会と国立中央図書館、ソウル大学などに資料があります。以前は、研究されていなかった資料も多くありましたが、このごろは少しずつ研究が活発になってきています。

　国史編纂委員会がもっている 1711 年の行列図、大変貴重な資料ですが、この行列図を釜山の朝鮮通信使文化事業会ができたときに図録にしました。通信使行列をやっている方々が、これは大変珍しいといって大いに関心を集めました。

仲尾　私は辛基秀先生と二人で『大系朝鮮通信使』（全 8 巻、明石書店）という大きな本をつくりました。あれを作るために韓国に来て、国史編纂委員会、高麗大学、ソウル大学奎章閣文庫、国立中央図書館などに行って、はじめて資料を見せてもらいました。それはとても感動的でした。こんなに立派な資料が遺されている。これは研究を進めなければならないということで。私自身が生の資料を見て、とても刺激になりました。

姜　その本は朝鮮通信使研究の基本テキストです。その本がなかったら、研究は進んでいませんよ。この本の出版により、韓国も関心をもって朝鮮通信使を集中的に研究するようになったのです。

　京都の相国寺慈照院、静岡市の清見寺が所蔵している資料の図録を朝鮮通信使文化事業会が出版しました。これも韓国の研究者に良い資料として提供したのではないかと、私は勝手にそう思っているんですよ。

仲尾 釜山大学校の韓泰文先生、釜慶大学校の朴花珍先生とか、韓国にも大変立派な研究者がどんどん出てきていますね。それはやはり、朝鮮通信使文化事業会ができ、その後、朝鮮通信使学会ができたことが大きかったのではないですか。学会ができたきっかけはどんなことでしょうか。

姜 学問的な研究のベースがないイベントは単なるパフォーマンスに過ぎないと思ったからです。それで学会誌の創刊まで至りましたが、実は韓国では、学術振興会に登録された学会誌と登録されていない学会誌があります。登録されていない学会誌は、研究の業績を重ねて、少し重い論文を載せ、これが認められると、学術振興会に登録されます。

　でも今、釜山の朝鮮通信使学会は学術振興会の登録はまだできません。それは、学者の数が多くない、論文の数もそんなに多くないからかもしれません。しかし、一歩ずつ進歩はしているのです。会員たちはそれを目指して準備をしていますが、登録誌が何時できるかは未定です。

2　朝鮮通信使に対する市民の理解

仲尾 市民の活動について、日本側からお話しさせていただきます。朝鮮通信使に対する市民の理解を深めるというのは、なんといっても松原一征さんの力が大きかった。今から22年前、1995年に松原さんが中心となって、日本国内の朝鮮通信使ゆかりの町に働きかけて、朝鮮通信使縁地連絡協議会が発足しました。対馬を中心に下関市、福山市、牛窓町（瀬戸内市）、高月町（長浜市）などのごく一部の自治体と民間団体で結成されましたが、その後、

ゆかりの町や民間団体、個人がどんどん加入し、大きな組織となりました。

　この現象は、それぞれの自治体がまち起しとして朝鮮通信使がわが町にやって来たことを紹介する、そして、そこには通信使に関係する史跡や資料が遺されていることが出発点になっています。

　それを対象として、各地で朝鮮通信使を研究しようとする人が増えてきたんですね。ですから、本格的な研究とは別に市民に対する啓発活動、地域研究の結果として、日本各地で通信使研究が進んだ。これはとても特徴的なことだと思います。

　幸い日本には対馬から江戸まで、たくさんのゆかりの町があって、そこでそういう動きが出てきた。また、それらの動きを市や町、県などの自治体が応援してくれたことも、力になっていますね。

　韓国では釜山が大きな役割をはたされていると思いますが、釜山だけでしょうか。

姜　はい、現状は釜山だけです。釜山市が中心となったのは歴史的な背景があります。朝鮮通信使については、日本では対馬から江戸まで縁地がありますよね。韓国はソウルから釜山までは100名程度の身分の高い人は一緒に来ましたが、それ以外は各地からバラバラに釜山に集まって来ました。そのうえ、朝鮮通信使の遺物が日本と比べてソウル・釜山以外の各地にほとんどありません。そのため、釜山以外では関心も低いのです。それが韓国に朝鮮通信使縁地連絡協議会のような組織ができない理由となっています。

　そのうえ、各地域の市民たちも本格的に学術活動や研究活動をすることができないです。ただ、彼らの功績といえば自分の家、家系にもっている資料を研究者たちに提供することとか、古書を

もっているなかで見つかることもあります。けれども不十分です。彼らが関心をもって論文を書いても、それは論文のレベルに達していないものが多く、学会誌に載せることはむずかしい。ただ、私たちの学会、釜山文化財団などが市民から良い反応をもらうのは、大変重要なことであります。

　実は釜山市、釜山文化財団が中心となって縁地連のような組織をつくるための会議を3回ほど行ったこともあります。そのとき、安東とか、忠州とか、永川とか、いろんな地域の代表が参加したのですが。ほかの地域では、義城は十何年前に関心が高まりました。密陽もそうでした。しかし、関心をもっていた文化院の院長などの担当責任者が退職してしまい、それきりになってしまいました。今後は韓国国内で日本の縁地連のような組織をつくって、それを母体として日本の各縁地と交流することが今の課題だと思っています。

3　朝鮮通信使の魅力
　　－まちづくり、地域間交流や国際交流の観点から

仲尾　日本では、たとえば近江八幡市という小さな町が滋賀県にあります。あそこは朝鮮通信使が宿泊はせずに休憩して食事をとる場所なのですが、まちの人びとの家に資料が遺されている、それを大切にしようということを考えて縁地連に入会して、今も熱心に活動しています。そのような例はほかにもたくさんありますし、朝鮮通信使ゆかりの町の全国大会をやることによって多くの人が来てくれる。それをまち起こしとして継続しよう、資料館を改装して通信使の資料を展示しようなど、今では近江八幡市は長

浜市の高月町と並んで滋賀県の朝鮮通信使顕彰のメッカとなっています。

姜　韓国ではその役割は、今までは釜山です。釜山の重要な文化行事の一つが朝鮮通信使の行列再現です。以前は密陽でも朝鮮通信使行列の再現をやったことがあります。私が文化事業会の委員長のときです。もう十何年前になりますか。そのときの費用のほとんどを朝鮮通信使文化事業会が負担しています。そのあとは、忠州に行列再現をやってくださいと依頼し、13～4年前になりますか。そのときは日本円で100万円を支援しました。もし、その支援がなければ行列再現や祝祭はできていないです。

　私たちが今考えていることは、もし朝鮮通信使をユネスコ世界記憶遺産に登録できたら、その後は自分の地域のまちづくりのために韓国の各地がやるのではないか。そのために、これまで縁地連のような組織を韓国につくる会議を何回も開きました。

　その結果は、まだわかりませんが、たとえば永川は馬上才を再現しようとして、釜山に何回も来ています。でも馬上才はそんなに簡単にできるものではありません。馬を訓練する必要がありますし、危ないことも多いですから。できるかなと思って注目しています。

　永川では関心が高まっているんですが、ほかの地域についてはまだわかりません。もし登録されたなら、それにもとづいて活発にプッシュしようかなと考えています。

仲尾　私も永川には昨年行きました。そして、シンポジウムをやりました。とても通信使と馬上才を大切にしたいと、みなさん思っていることがよくわかりました。

姜　でも、現実的にはむずかしい点も多いから、どうなるのか。予算も不十分です。市長がそれを予算で支援したかったのですが、

市の予算が多くないから、それもどうなるかわかりませんね。

仲尾 私は最近、大きな発見をしました。それは福山市の「日東第一形勝」という朝鮮通信使が遺した扁額ですね。あれが小学校の校歌、歌になっていたのです。戦前からずっとあって、1960年代まで歌われていた。それを小学校の校長先生が見つけて、子どもたちにそれを歌わせて、福山の今年の縁地連の大会で参加者に聞いていただいた。滋賀県長浜市高月町の小学校も同様のことがあります。

　そういう子どもの教育のなかにも通信使が生きているという大きな証拠ですね。とくに戦前、つまり植民地時代、韓国に対してひどい差別、偏見があった時代に、まったく差別なく「日東第一形勝」が子どもたち、まちの人に歌われていた。今のおじいさんやおばあさんには歌える人がいますよ。

姜 そういう歌が、まだ残っているんですか。歌える人がいるんですか。

仲尾 そういったことを聞きましてね、そのような例が日本のほかの地域にもあるかもしれない。子どもたちの教育とこれからの日韓関係を考えるうえで、これはとても貴重な例だと思いました。

姜 そのような例が韓国にあるとの話を私はまだ聞いたことがありません。

仲尾 釜山文化財団は釜山で行列再現をやるだけでなく、対馬、下関、静岡など、日本の各地での行列再現を支援していますが、それはやはり国際交流の観点からですか。

姜 率直にいえば、対馬以外の下関、牛窓、静岡などで行列再現を行うことには反対が多かったのです。そのときは、私がまだ大学総長と兼職だった。だから、反対する人は公には反対できないけれど、気持ちはなぜ日本まで行って行列を再現するのかと思っ

ていたようです。

　しかし、朝鮮通信使が韓国から日本に行って、そこで文化交流をやったという例がありますから、歴史的な再現は必要ですと、私が一生懸命プッシュしたのです。

　実はもっと数多く、幅広くやりたいのですが、予算の問題もありますし、市議会が反対するということもありましたから、まだ、そこまではできていません。

　話はそれるかもしれませんが、2010 年にニューヨークの中心街で朝鮮通信使行列をやりました。そのときも市議会はなぜ予算を使ってニューヨークでやるのかと反対しました。私はそこが世界の中心地だから、日本と韓国が何百年間も仲良く文化交流したことを世界に PR することは絶対必要ですよと、説得しました。

　また、およそ 7 億～ 8 億ウォンで舞台がある車をヨーロッパにもって行って、ドイツ、オーストリア、フランスなどで行列再現をやろうと思いました。各国の韓国の大使館に連絡もしました。ヨーロッパで東アジアの平和的な行事をやろうとしましたが、予算確保の問題でできませんでした。

　将来的にはできるかどうかわかりませんし、私がいつまで社会的な活動ができるかどうかわかりませんが、ユネスコ世界記憶遺産に登録されたあとは、その PR のために日本と一緒にパリなどで朝鮮通信使行列の再現を行って文化交流すること、一緒に歌を歌うことなどができるのではないかと思っています。そのため、釜山文化財団の担当責任者には、その準備をするようにと話したことがあります。

4　ユネスコ世界記憶遺産への両国の取り組み

仲尾　韓国側のユネスコ世界記憶遺産への取り組みについては、なんといっても姜南周先生のお気持ちが強く反映されていますね。たしか2006年にはじめて世界遺産登録のお話をされていましたね。

姜　2006年の朝鮮通信使学会が終わったあと、朝鮮通信使は日本と韓国だけの遺産にするのではなく、世界的な遺産にしなければならない。だから、これからはそれを目指してやりましょうと。しかし、そのときは周りの方々の反応はありませんでした。

　その翌年、下関でこれからの課題は、朝鮮通信使を世界遺産に登録することですよと、行列再現の晩餐会のあいさつでそれを申し上げたことがあります。そのとき、私の記憶では日韓議連の河村代議士が私のそばで「姜先生、それは良いアイデアですよ」と賛同され、また、当時の江島下関市長も「下関も応援しますから、是非やってください」と言われました。

　2011年から少しずつその話が具体化し、世界遺産を目指してやりましょうとなったのです。

　その頃は、私はユネスコの世界遺産にはどんな種類があるのかをよく知りませんでした。文化遺産なのか、自然遺産なのか、記憶遺産なのかといったことです。そのため、通信使が記憶遺産だという感覚をもっていませんでした。

仲尾　ユネスコのなかで一番新しい制度ですからね。世界文化遺産や世界自然遺産は有名ですけれど。世界記憶遺産なら朝鮮通信使はいけるとご判断なさったわけでしょう。

姜　はい。調べてみたら世界記憶遺産が最もふさわしいと思いました。はじめは、無形文化遺産で行列はどうかなどとも思ってい

たのですが、再現行列は変更が多く、当時のまま再現することが
むずかしい。しかし、絵や文書などの記録であれば、そのまま遺
されているから、世界記憶遺産でいこうと判断しました。

仲尾　そういう提案があって日本はどう取り組んでいったかとい
うと、やはり縁地連の松原会長がこれをやりましょうと判断され
たことが大きいですね。私もそれから慌てて勉強を始めたのです。
そしたら、世界記憶遺産というのは、たとえば「アンネの日記」
とか、ベートーベンの「第9交響曲の楽譜」自筆譜であるとか、
マルクスの「資本論」の初版本であるとか、錚々たる世界の記録
が並んでいる。これに朝鮮通信使の記録がうまく適合するのかど
うか、ちょっと心配になりました。

　そもそも日本では世界記憶遺産についての関心は、文部科学省
も低かったですね。日本では最初に山本作兵衛の炭鉱画が記憶遺
産になりましたが、これも日本人がいい出したのではなくて、オー
ストラリア人の世界遺産コンサルタントが世界記憶遺産にふさわ
しいものだといって、彼が申請手続きをすすめました。

　それから、藤原道長の「御堂関白記」とか「東寺百合文書」と
か、国宝級のものが登録されているんですね。だから、朝鮮通信
使が登録されれば国宝級のものになるわけですね。これはとても
大きな意義があると改めて感じました。

　ですから、姜先生から最初に声をかけていただいたことは、日
本にとって大変刺激になりました。

5　韓国と日本のユネスコ世界記憶遺産登録申請資料の特徴

姜　日本には朝鮮通信使が書き遺したものや学術交流した記録、各大名が朝鮮通信使を接待した記録などが多いですね。一方、韓国にも絵や書はありますが、なんといっても使行録ですね。使行録は日本見聞録のようなものでありまして、各使行で作成されています。朝鮮通信使の日本における行動、日本に対する見方、外交や文化交流の様相がよくわかります。

仲尾　日本側は幕藩体制でしたので、藩が幕府の命令で朝鮮通信使を接待、もてなしをするんですね。そして、次の朝鮮通信使がいつ来るかはわからないけれども、そのために記録をしっかり残しておかなければならない。その記録が日本の各地にたくさん遺されているんですね。この接待の記録が、私たちの朝鮮通信使研究のための大切な資料になっているんです。

　韓国の場合は中央集権国家でしたので、そうした地域の記録はあまりないようですね。こうした記録のあり方から、二つの国の、あの時代の制度の違いが浮かびあがっているような気がします。

姜　相島もそうですね。おもてなしの準備の記録がたくさん遺されていますよね。これを見てはじめて、日本は豚を食べない国であったこと、朝鮮通信使のために豚を用意してくれたことを知りました。

6　「朝鮮通信使に関する記録」がユネスコ世界記憶遺産に登録されることの意義

姜　私はやっぱり、これは世界的な記録ではないかと思います。

世界のどこを見ても200年間も戦争がなかった、国境で区切られている二つの国で何百年間も戦争がなかったことは、ほとんどないですよ。これは西洋も東洋も同じです。

　このような平和な時代は朝鮮通信使により実現した。だから、平和の遺産として「朝鮮通信使に関する記録」は世界的にも貴重なものではないのかと思っているんです。

仲尾　私も、この「朝鮮通信使に関する記録」を世界記憶遺産に登録する2年間にわたる日韓共同学術会議の討論のなかで、共通して平和の使節であった、200年間続いたという認識を共有できたということが、とてもよかったと思います。というのは、韓国では最初、姜先生がおっしゃったように朝貢使扱いされた、あんまり意味がないという見方もあった。日本のほうでも文化交流への関心が主で、外交使節だという側面があまり重視されていなかったんですね。

　ところが、平和の使節であった、ということは外交使節であったということ。外交使節であったからこそ、それができたわけであって、そういう点で総体的に朝鮮通信使を見直すという大変良い成果が得られたと思いますね。

姜　それは先生の研究の成果で判明したことではないですか。

仲尾　そんなことはないですよ。私一人の力ではないです。それから、いろんな課題が出てきたと思います。私が感じたことは、こうしてユネスコに世界記憶遺産として登録されるということになると、人びとの関心が高まります。どこでも、あのお寺に行けば登録された資料を見せてもらえるんではないかとか、あるいはもっとよく見たいとかの欲求が高まります。

　それは一方では危険なこともあって、やっぱり資料が傷みますよね。だから、できるだけ傷まないような保存の仕方、公開の仕

方を考えなければならない。

　本当は、文化財は現地にあるのが良いんですね。朝鮮通信使がこのお寺に来たから、その遺品が遺されている。これはとても大事なことなんですけれども、これが危険をともなう。たとえば防災・防犯の面から考えても、それが不十分であれは火災が起きたら焼失してしまう。長い期間公開すれば、紫外線や温湿度などの関係で傷んでしまう。だから私は、保存はその地の資料館や博物館にお願いし、お寺ではレプリカで公開する。そうすれば、いつでも気軽に見ることができますね。レプリカ制作にはお金がかかるけれども、しっかりと保存していくためには、やったほうが良いと思いますね。

姜　これからの保存の方法ということですね。

仲尾　それと公開の仕方ですね。

姜　登録ができたあとは、図録は日本と韓国で一緒に出版するのか、別々に出版するのか、それも今後の課題ではないのかと思っています。333点もの資料について、私たちは図録をどうするのかといった会議を韓国ではしたこともあります。現在の状況を見たら、年内に登録されると思いますので、登録できたあとにすぐ図録の出版の準備をしなければならないですね。日本は予算的にどうですか。

仲尾　日本ではそこまでのことは、今は考えていないですね。当然、図録のようなものを出版すべき思いますが。登録後に推進部会を構成する日本の各自治体と相談して予算を確保しなければなりません。しかし、日本では登録までは予算がついても、登録後にどこまで予算を出してくれるかはわかりませんね。今後の課題だと思っています。登録後が大変で、永久に保存し公開していかなければならないんだということを、しっかりと理解してもらわ

なければなりませんね。

　とくに、朝鮮通信使の記録が今の日本と韓国の相互理解、これから両国がともに手を携えて未来へ向かうための大変大事なものであるということ、平和のための遺産であるということを、よく認識してもらう必要がありますね。

　なかには、申請の過程で今まで縁地連に入会していなかった自治体が、申請の趣旨を理解して入会しました。お金も少しずつですが出してくれるようになりました。世界記憶遺産への登録申請は、その前後でやはり大きな違いがありますね。だから、これをどこまで続けていけるかですね。

　いったん登録したら、途中で止めることはできません。ずっと永久に続けてもらわなければならない。そういうことで、自治体にお願いし理解してもらわなければならないと思いますね、

7　この記録がどう活用されればいいか

姜　この記録を教育資料として活用したいですね。例えば、しっかりとした図録をつくって、朝鮮通信使が持参した国書はこれだ、ということがよく確認できるようなものをつくって、これを教育資料とし、「朝鮮通信使に関する記録」は世界史的に重要なものだ、日韓の平和な関係はこのようにして構築されたなどを教育現場で教えていく。こうした活動が必要なのではないかと思っています。教育資料として、どう活用していくのかは、今後の大きな課題と思いますよ。

仲尾　教育はこれからの課題の一つですね。やはり学校教育のなかで子どもたちにどのように教えていくかということですね。と

いうのは、今では日本のすべての教科書で朝鮮通信使のことが記述されています。これは私の若い頃と比べると全然違います。ところが、私の教えている大学の学生に「朝鮮通信使のことを知っている人」とたずねると半分くらいしか手が挙がらない。つまり、素通りしてしまっているんですね。朝鮮通信使という名前だけは知っていても、それがどういう意味があったのか、何だったのかということが、先生の口から語られていない。だから素通りしているんです。朝鮮通信使を教材として、自分たちの町ではこんなことがあったんだ、あるいは江戸時代の日本と韓国の違いはどこにあったのか、そんなことは、いくらでも取り上げることができますから。やっぱり、学校で教材として使えるようなことをやっていくことが大きな課題だと思います。

姜 同感です。私は日本の高校の歴史教科書、検定済み教科書を8冊程度調べたことがあります。みんな朝鮮通信使には1ページ程度を割いています。それだけ説明ができていると思っていたんですが。登録後は、日本も韓国も高校や中学校で朝鮮通信使の役割や意義をしっかりと教えてほしいと思います。

　　　　対談日時・場所
　　　　2017年（平成29年）4月18日　釜山文化財団会議室
　　　　録音・まとめ
　　　　町田一仁（日本学術委員会副委員長）

III

朝鮮通信使ゆかりの地と登録資料

ソウル・釜山

朴花珍

韓国に残る記憶遺産資料

　朝鮮後期の通信使は漢城から東莱府（釜山）に着き、釜山で渡海のための最終的準備を整え、日本へ出発した。そして対馬を経由して大坂から江戸まで1000キロをこえる長い道程を1年たらずかけて往来する大変な旅程であったが、江戸時代の約260年間、韓日両国は相互認識や文化交流を深めることができた、平和の時代でもあった。2014年の春に朝鮮通信使関連記録物をユネスコ世界記録（記憶）遺産に登録申請する推進委員会が韓日両国の市民団体により結成され、2016年3月末の登載申請まで実務者・学術委員たちのあいだで数多くの協議や議論が行われた。

　このたび、韓国側のユネスコ世界記録（記憶）遺産への登載対象は総数63件124点であり、記録内容の分類を①外交記録（2件32点）、②旅程の記録（38件67点）、③文化交流の記録（23件25点）の三つに分けた。韓国に残っている登録申請資料の主な所蔵先はソウル・釜山に集中しているため、ここではソウル・釜山地域を中心にその代表的な作品いくつかについて簡略に紹介することにしたい。

ソウル

　ソウル地域における主な所蔵先は奎章閣・国立古宮博物館・国立中央図書館・国立中央博物館・国史編纂委員会・高麗大学校図

書館であり、外交記録・旅程の記録・文化交流の記録が多数保管されている。そのなかで代表的な作品として、外交記録の『朝鮮通信使謄録』、旅程の記録の『粛宗 37 年通信使行列図』『申青川海游録』、文化交流記録の『趙泰億像』『牡丹図屛風』の 5 点について紹介する。

外交の記録：『通信使謄録』（奎章閣所蔵）

　この作品は 1641（仁祖 19、寛永 18）年から 1811（純祖 11、文化 8）年まで、朝鮮通信使関連の公文書を朝鮮王朝の禮曹で謄写し類型別に集めたものである。朝鮮後期の通信使往来の開始から終了にいたるまでに作成された文書をほとんど網羅している。主な内容は日本側の通信使派遣の要請、朝鮮国王の命令と朝廷の論議、通信使行の諸規定・運営記録、通信使・随行員の名前や職位、日本への礼物・書契内容、必要物資の各地への負担明細、帰国以後の通信使の報告、日本からの国書・書契・礼物等々について詳細に書かれている。

旅程の記録：「粛宗 37 年通信使行列図」（国史編纂委員会所蔵）

　この作品は 1711（粛宗 37、正徳元）年の第 8 次朝鮮通信使行の際、江戸幕府の朝鮮御用老中の土屋政直の命令により、対馬藩絵師の俵喜左衛門の主導下に 40 人弱の絵師たちが動員され詳細な朝鮮通信使行列図が描かれたものである。朝鮮国信使道中行列・朝鮮国信使登城行列・朝鮮国信使参着帰路行列・宗対馬守道中行列図の 4 つの場面がそれぞれ一つの絵巻で作られ、江戸幕府・老中・対馬藩のために、全部で 14 本が製作されたという。作品の内容は朝鮮通信使行を準備するため、行列の順序・配置・人員・馬の数などにいたるまで把握しており、その製作主体・経緯・保管経

緯まで明確に分かる、記録画として大変重要である。韓日両国で一般に広く知られている。

旅程の記録：『申青川（維翰）海游録　上・中・下』（国立中央図書館所蔵）

　この作品は1719（粛宗45、享保4）年の第9次朝鮮通信使の製述官の申維翰（1681-1752年）の使行録で、1719年4月11日の出発から1720年1月24日の復命までの旅程について日記と詩文の形で記録されている。本人の日本見聞を日本の地理・風俗・制度・信仰などおよそ60項目にわたって詳細に書かれており、以後、朝鮮知識人の日本学の参考資料として広く利用された、代表的な 使行文学作品として評価されている。

文化交流の記録：「趙泰億像」（国立中央博物館所蔵）

　この作品は1711年の第8次朝鮮通信使の正使（趙泰億、1675-1728年）の坐像を描いた肖像画で、江戸幕府の有名な御用絵師の狩野常信（1636-1713年）の作品である。朝鮮の肖像画様式の節度ある輪郭線とは異なり、多少柔らかく端雅な顔立ちの描写は日本的特徴のものなので、韓日両国の文化交流のあり方をよく読みとることができる。

文化交流の記録：「牡丹図屏風」（国立古宮博物館所蔵）

　この作品は江戸幕府から朝鮮国王へ送った礼物の一つで、屏風の右側下段にある落款（梅笑図）・印（栄信）により、狩野師宣（1728-1807年、梅笑師宣または梅笑栄信とも呼ばれた）の37歳の作品であることがわかる。朝鮮通信使行の帰国の際、江戸幕府は礼物として毎回、20双の金屏風を贈ったが、そのなかの一つ

だろう。はじめは王室に保管されてきたが、現在は国立古宮博物館に所蔵されている。朝鮮後期の江戸幕府と朝鮮王室の文化交流の具体的なあり方をよく見せてくれる。

釜山

　釜山地域における主な所蔵先は釜山博物館（10件10点）と国立海洋博物館（4件4点）で、ほとんど文化交流の記録類が主流を成している。そのなかで代表的な作品として、釜山博物館所蔵の「義軒・成夢良筆行書」「李義養筆山水図」、国立海洋博物館所蔵の「朝鮮通信使酬唱詩」「朝鮮通信使奉別詩稿」の4点について簡略に紹介する。

文化交流の記録：「朝鮮通信使酬唱詩」（国立海洋博物館所蔵）

　この作品は1682（粛宗8、天和2）年、第7次朝鮮通信使の製述官の成琬・書記の李聃齢・子弟軍官の洪世泰らと日本の山田原欽とが交わした詩文を記録したもので、末尾にその酬唱会に参加した人びとの名前・職位が書かれており、韓日両国の知識人たちの活発な文化交流のあり方をよく表している。今回、はじめて紹介される貴重な使行文学作品の一つである。

文化交流の記録：「義軒・成夢良筆行書」（釜山博物館所蔵）

　この作品は1719年の第9次朝鮮通信使の書記の成夢良（1673-1735年）と日本の義軒という雅号の人が交わした七言律詩の2首である。先に義軒の江戸時代の太平を詠んだ「長閑園詩」が書かれ、それに応えて成夢良の日本の太平の風景を詠んだ返詩がつづく形で、韓日両国の知識人の生き生きした文化交流のあり方を

釜山　韓国国立海洋博物館

釜山博物館

うかがうことができる。

文化交流の記録：「朝鮮通信使奉別詩稿」（国立海洋博物館所蔵）

　この作品は 1811（純祖 11、文化 8）年の第 12 次朝鮮通信使の

副使の李勉求（1757-1818年）と日本の知識人たちのあいだで交わした詩稿の巻物である。冒頭に江戸幕府から派遣された、日本の著名な儒学者の松崎慊堂（1771-1844年）が李勉求との離別を惜しんで書いた奉別詩がある。前近代韓日両国における民間レベルでの相互理解と文化交流のあり方をうかがうことができる記録である。

文化交流の記録：「李義養筆山水図」（釜山博物館所蔵）

　この作品は1811年の朝鮮通信使の随行絵師の李義養が描いた山水画である。作品の右側上段に同行した訳官の秦東益の「倣谷文晁画」の詩が書かれており、日本南画風の絵師の谷文晁（1763-1841年）の絵を模倣して描いたもので、韓日両国の絵師たちの積極的な文化交流の姿を読みとることができる貴重な資料である。

（韓国学術委員会委員）

対馬・壱岐

齋藤　弘征

対馬

風濤険阻の海

　釜山まで辿り着いた通信使一行は、旅程の最大の難所に立ち向かわなければならなかった。多くの使行はこの風濤険阻の海に苦しめられた。朝鮮海峡（大韓海峡）である。第1次の通信使（回答兼刷還使）の副使慶七松は、破船寸前の渡海の様子を「海槎録」に、書いている。

　　ようやく海の中ほどまで来ると、東風が大いに起こり向かい風が船を打ち、巨浪が天にも達するので水夫たちが気勢をなくし、船が出没して傾き、上がるときは天に登る如く、下るときは地底に入る如くで、飛濤は雪を吹き出し、激しい波は雨のようであった。対馬島に向かおうとすると風波が打ちつけ、釜山に帰ろうとすると海路は既に遠く、進退両難に陥りどうすることもできなかった。水夫たちが互いに噂話をまき散らすので、船中がざわついて危ぶみ恐れて、寸刻の間に事態がどうなるのかわからなかった、幸いに聖上の恩沢が遠くまで及んだおかげで、かろうじて対馬島の泉浦に着き、諸船も順次到着した。日は既に暮れていた。（若松實訳　日朝協会愛知県連合会刊・以下同）

ほうほうの体で、船は目的としない港に入港を余儀なくされた。

荒れ狂う海を遭難の恐怖に怯えながら、通信使たちはこの海を渡った。後方は韓国の山並み。対馬の北端・鰐浦韓国展望台から朝鮮海峡を望む。

通信使の航海の大半は、このように遭難の危険ととなりあわせであった。第6次通信使（1655）南龍翼も大時化にあい、「萬一死んで此の凶悪な消息が伝わったならば、父母と妻子の心がどのようであろうか」と、死と隣り合わせの航海の様子を述べている（「扶桑録」）。

　だが、さいわい通信使の海峡航海では練達の船乗り巧者対馬藩護行船がついていた。

心和む島

　険難の波涛を越えて着いてみると対馬は心和む島だった。土地は景勝に富み、使行録の多くは、「花奔が山に満ち満ちており景

通信使船は対馬の府中の湊に入港した。文化度通信使は右手の岩（立亀岩）の下に漂流民船が二隻繋がれているのを見て客館で食事を与えた。

色も新鮮で旅路の心を慰めるのに十分であった」等と、対馬の風景を賛美したり、「……前の小島に登った、船の上の鮑作干たちをして鮑を採らせたが、我が国の水夫と日本人たちが争って水に入って鮑を採ったが、誠に奇観であった」（姜弘重「東槎録」第３次）ともみえ、対馬の人びととの打ちとけた交流も記述している。島は水田が少なく、耕地が狭いことは一様に見てとっている。

　島の北部、鰐浦か佐須奈に着いた信使船は、島の東岸の港々に寄り土地の人びとと交流したりしながら対馬の府中（現厳原）に到着した。府中では藩主を訪問したり、領民に芸能を披露したりしてしばし旅の疲れを癒やした。また、激甚な風浪で傷んだ船の補修も対馬藩の手によって行われた。対馬藩「偽造国書」の件は、第１回通信使（回答兼刷還使）来日中の３月15日、府中での餞

別宴の折に対馬藩側を問い詰めた。

雨森芳洲と申維翰

　長い朝鮮通信使来日の歴史のなかで、この両雄の出逢いは特筆される。雨森芳洲は対馬藩の碩学の儒者。江戸時代にあって現代にも通じる外交の理念を説いた「交隣提醒」を著わしたことはあまりにも有名である。申維翰は第9次通信使（1719）の製述官として来日した。そのときの使行録「海游録」は、朝鮮通信使の使行録中白眉の名著として評価されている。

　1719年6月28日、客館となっていた西山寺で二人は運命の会見を行った。このとき、維翰はすでに芳洲が「日東の魁楚」であることを聞きおよんでいた。だが、「海游録」が述べる芳洲の印象は酷評に等しい。それが江戸往復の使行を通じて、互いの深い尊敬と友情に変貌する。その年の暮れ、府中湊で二人が涙の別れをする光景は胸を打つ。

対馬の登録対象資料

　対馬の資料は、「旅程の記録」分野に「朝鮮国信使絵巻（上下巻）」「朝鮮国信使絵巻（文化度）」「七五三盛付繰出順之絵図」と「馬上才図巻」を候補として挙げている。通信使行列図のうち前者は、写実性に富み、煙管を愉しむ馬子や行列にまとわりつく犬なども描かれ親近感が伝わってくる。寛永から宝暦期の作とみられる。後者は、文化8年（1811）の対馬易地聘礼の行列を描いたもので、人物の描き方は平板でやや稚拙であるが記録性は高い。「七五三盛付繰出順之絵図」は冒頭に、「信使登城之節御一献并七五三御料理盛付繰出順之絵図」と記されている。饗応料理は幕府から模式が図示され、数年前には食材の準備が始まった。馬上才図巻は

18世紀、広渡雪之進作で、対馬でも黒山の大群衆の前で、この演技が行われたことが使行録に記録されている。

壱岐

瀚海を往く

　対馬でしばらく滞在した通信使一行は、次に壱岐に向かう。対馬での滞在は平均すると23日、長いときは第4次の42日の対馬府中滞在であった。壱岐は対馬の南東約69キロの海に浮かぶ扁平な島である。一行は対馬にいちばん近い風本（現在の勝本）に向かう。申維翰「海游録」（第9次）は、

> （七月）十九日庚寅。……島主、長老をはじめ、奉行、裁判<ruby>裁判<rt>さいはん</rt></ruby>にそれぞれ船があり、記室、禁徒（藩士）、通事など群倭の随行者は千人を以て数え、大小の舟船百隻をもって数え、そのもたらすところの衣、粮、器、服は万を以て計る。あたかも一島が空になったような感じだ。

と、出航の様子を伝えている。瀚海（広い海の意・「魏志倭人伝」）は、「白浪は空に高く聳え、大なる声は雷霆となって吠える」と、破天荒の海を航海して、「日はわずかに午の刻を過ぎたばかりの頃、壱岐の風本浦に着いた」（「同」）。この日はよほど順風だったとみえる。通常、辰の刻（午前8時）頃対馬府中湊を出港し、未（午後2時）の刻頃壱岐風本に着いている。

壱岐州の風本（勝本）

　壱岐は独立した一国（藩）ではなく、肥前の平戸藩に属し、松

壱岐の客館は下方岸辺近くにあり、通信使来日のたびに新築された。港口の北側に対馬が見える日も多い。（壱岐・勝本浦）

浦氏が治政を行っていた島である。そのために、通信使来島の折藩主は江戸参府で不在のため、代役の者が一行を出迎えることがよくあった。

浦口は水が浅くて入れず、船を連ねて陸橋を作り、その上に板を設け左右に竹欄を組み重純席（太く束ねた糸で編んだ敷物）を、まっすぐ使館まで敷き、その鮮淨な光景は見ごたえがあった。第6次の「扶桑録」（南龍翼^{ナムヨンイク}・1655）には、「港口は奥深く船を入れるのに便利」とある。使館は山の下にあり、結構は百余間。館の背後は絶壁となっており前の庇は浦岸に接していて庭場がなく、第10次の場合、「国書を奉じて安置したところに（望闕）礼を行うに足る庭がなく、雨が降り注ぐので望闕礼を行う事を取りやめた」（「奉使日本時聞見録」曹蘭谷^{チョナンコク}）とみえる。風本の使館は、通

信使来日の度に新築され、屋根は板か茅で葺かれていた。現在使館の遺構はなく、「朝鮮通信使迎接所神皇寺跡」と、通信使が上陸したと伝える「神皇寺渡頭」の石段が遺されている。客館は船を降りると至近距離にあった。遠くないところに、対馬藩屋敷があり、60人ほどの対馬藩士が常駐していた。対馬藩士の本土往還の休憩や連絡所として使用されていた。

> 岸を挟んで見物する男女は、山一面簇立し、春林に茂る百花が媚顔を競っているようだった（「海游録」）。

風本の勇魚捕り

風本は古来捕鯨が盛んだった。今回申請した壱岐の資料「朝鮮通信使迎接所絵図」を所蔵される土肥家も、鯨組の家系として知られる。第10次通信使使行録「奉使日本時間見録」に、

> （3月21日）食料品の中に初めてちしゃの葉を見た。港口の外で日本人の声が騒々しく聞こえるので尋ねてみると、日本人が鯨二頭を捕えて船の後部に繋いで入来したという。一行の多くの人が小舟に乗って行ってみると捉鯨将が二本の旗を立てて座り、轆轤で鯨を引っ張って岸に揚げたが、その大きさが船の大きさ位もあって多くの人夫がそれを切り裂いたが海水がすっかり赤くなったという。

と記録し、27日にはその勇壮な勇魚捕りの演技を見学した。

異郷での月見

第8次の通信使は壱岐の島で仲秋の名月を迎えた。正徳元年

（1711）8月15日。東天に上った異国の満月に人びとの心は、望郷の愁いに包まれた。任守幹は「東槎日記」に

　　八月十五日晴。夜に一行が海岸に臨んでいる官舎の前に座って、中天に懸った月を眺めると、旅人の愁いは一層さびしくて、その場の人は皆愁いに閉ざされた。楽人をして笛を吹かせた。褊将の中に歌を歌う者数名の、其の音調が非常に物悲しかったが皆故国を恋い慕う曲調だった。数巡杯して散会した。

　と記し、故国や家族を偲んでいる。壱岐の次に一行は藍島（相島）に向かう（第5次通信使は風の関係で鳴（名）護屋に着いた）。

壱岐の登録対象資料

　壱岐の登録対象資料は、「旅程の記録」に墨書の「朝鮮通信使迎接所絵図（土肥家文書）」を候補に挙げた。本絵図は、近世壱岐の鯨組として知られる土肥家に保存されてきた一紙で、正使・副使の部屋のほか、江戸往復を護行する対馬守様御休息所等の部屋割りが記入されている。

（日本学術委員会委員）

申請作業にかかわって

対馬藩の無念　　　　　　　　　　　齋藤　弘征

　文化8年（1811）6月27日（新暦8月15日）朝、よく晴

れた対馬府中湊は、黒山の人だかりだった。第12回朝鮮通信使柳相弼（ユサンピル）は「東槎録」に、「風向きが良好なので、諸護船も一斉に帆を挙げて海に出ると、見物する男女・老少が林の如くであった。其の中に、顔見知りの禁徒倭と伝語倭達が、或いは手を挙げて揖をして、或いは手を挙げて扇子を振ったりするが、別れを名残惜しむ意があった」（若松實訳）と、記録している。

　この朝の離別の様子について、宗家文庫史料「信使記録」（以下「史料」）には、

　　　信使一行去二十五日上船順待之處今日順能辰ノ刻頃府内浦
　　　出帆護送之船々共ニ出船有之

と、事実だけを淡々と述べている。朝鮮外交に手慣れた対馬藩らしい記録である。

　3か月におよぶ和やかな「国際都市」となった対馬府中最後の朝の光景。街から信使たちの陽気なハングルの音は消え、広場に響いた異国情緒たっぷりの鉦や太鼓の響きも止んだ。でも、人びとは楽天的だった。

「朝鮮通信使はまた来る」

　誰もがそう思った。事実、第12代将軍徳川家慶の襲職は、再び対馬聘礼が通知され地元は期待に胸を膨らませた。が、この来日は大坂に変更され実現をみないうちに家慶は逝去した。ペリー来航から1か月あまり後のことである。

　13代将軍となったのは徳川家定である。今度こそ対馬藩を狂喜させる御左右（指令）が江戸藩邸から届いた。御左右には「御代替り二付……御國において聘礼取行われ、聘期の儀来る丙寅

年……」と、あった（史料「家定様信使記録」）。丙寅年とは慶応2年（1866）に当たる。

　が、対馬を挙げて待ち望んだこの来聘だったが、実現は叶わなかった。通信使来日の前に将軍家定薨去の報が対馬に届いた（「同」）。

　将軍は替わった。若き紀州藩主徳川家茂。そして、対馬にまたしても幕府から朗報が届いた。「対州聘礼」とのことである。朝鮮王府と紆余曲折の協議の結果、聘礼は丙子年（1876・明治9）と決定された。が、対馬藩の悪夢は続く。慶応2年、長州征伐に赴いた家茂は大坂城で病死する。

　対馬藩の期待はこうして潰えてしまった。そして展開される幕末動乱。社会情勢は朝鮮通信使の時代の終焉を迎える。

　長崎県立対馬歴史民俗資料館や対馬藩主宗家菩提寺鐘碧山萬松院には、今回申請を見合わせた多くの朝鮮通信使関係の史料が収蔵されている。これらの史料がいつの日か、東アジアの交流にはたした意義の再評価を受け、広く顕彰されることを願っている。

相島・下関・上関

町田　一仁

相島

福岡藩の朝鮮通信使御馳走

　壱岐風本（勝本）を出船した朝鮮通信使は、筑前相島（藍島）へと向かう。相島は福岡市の北東の玄界灘に位置し、周囲約 6.14 キロ、面積約 1.22 平方キロ、新宮町の沖合 7.5 キロに浮かぶ島である。古墳時代の積石塚群が国史跡に指定されている歴史豊かな島である。現在の行政区画としては新宮町に含まれている。

　室町時代の朝鮮通信使は、都市として成熟し港湾も整備されていた博多を利用しているが、江戸時代の朝鮮通信使の寄港地は、迎接準備に困難を伴い、着岸に難渋する不便な相島が選定されている。

　壱岐から相島までの間は避難する島もないことから、常に難航と遭難の危機にさらされていた。無風の場合は櫓漕による難航、強風の場合は玄界灘の波濤による転覆や漂流のおそれがあり、いずれの場合も航海には苦難がつきまとった。事実、享保 4 年（1719）の使行時には、暴風雨のため通信使船を出迎える福岡藩の船舶 41 艘が難破し、藩士や水夫など合計 61 名が溺死している。また、宝暦 14 年（1764）の使行時には、強風と波浪のため正使船が一時漂流するとともに、副使船が着岸時に座礁して大破し、その後の航行が不能となっている。通信使はこれを福岡藩の落度として厳しく叱責した。

　相島に着船した通信使は、ただちに上陸し客館に入った。相島

での応接は福岡藩黒田氏の担当であった。福岡藩は玄界島沖で通信使船の海上警固を平戸藩松浦氏から引き継ぎ、相島へ漕船（曳船）で曳航した。そして、相島に設けた客館で応接するとともに、相島から小倉藩領の堺鼻沖まで警固して小倉藩へ引き継いだ。その航海中に天候が急変することも多く、航行困難な場合は筑前地島で船繋りした。

　相島の客館は島の南西部に位置し、使行のたびに新築された。近年、発掘調査が行われ、遺構や遺物が確認されている。

　離島での応接のため、福岡藩では多数の藩士や職人などを島へ派遣するとともに、通信使船の曳航や警固のため藩内の船舶を動員し準備を進めた。贅をつくした饗応は、正徳元年（1711）の使行を除いて行われており、饗応や下行の食糧などを調達するため、鳥獣奉行、八百屋奉行、魚屋奉行などが置かれた。島での通信使滞在は往路1泊、復路2泊が常例であったとされるが、天候に左右されて出船が延び、長期滞在となることもあった。享保4年（1719）の使行の際には10日間も滞在しているほか、宝暦14年（1764）の使行では副使船の大破などの影響もあって、23泊24日の滞在となった。

　朝鮮通信使の長期滞在は、藩財政にとって大きな負担となるものであったが、反面、通信使との交流の機会が増えるという利点もあった。

　福岡藩の学者たちはこぞって相島に渡り、通信使随員と盛んに学術交流している。その代表的な学者に天和の使行時の貝原益軒、宝暦の使行時の亀井南冥がいる。

　相島に関連するユネスコ世界記憶遺産登録資料は、福岡県立図書館が所蔵する福岡藩朝鮮通信使記録（黒田家文書）のうち、「朝鮮人来聘記録」11冊と「朝鮮人帰国記」4冊である。ともに宝暦

相島　客館跡。上陸した波止からほど近い。

14年（1764）の使行時の供応記録であり、前者は往路、後者は
復路となる。この使行は、玄界灘の波濤を越えて来日した最後の
通信使であり、正使船の一時漂流、副使船の大破などにより、朝
鮮通信使は長期滞在を余儀なくされ、福岡藩はその事後処理に奔
走した。朝鮮通信使の苦難の道中、それをもてなす大名の苦労が
よくわかるものである。

　相島には客館の遺構のほか、朝鮮通信使船を係留した波止、享
保の使行時に溺死した福岡藩関係者の墓や供養塔が遺されてお
り、通信使の歴史を今に伝えている。

小倉藩の朝鮮通信使御馳走

　豊前小倉藩の領内に朝鮮通信使が寄港することはないものの、
藩領沖を通過することから小倉藩は毎回、通信使船の海上通過時

の警固、漕船と水船の提供を行っている。小倉藩では藩主の領地替えが行われており、第1回から第4回までは細川氏、第5回から第11回は小笠原氏が担当した。

　藩境である堺鼻沖で通信使船を福岡藩から引き継いだ小倉藩は、下関海峡にある巌流島付近まで警固し、長州藩に引き継いだ。動員した船舶は、港への曳航がないことから、藩船および各浦からの徴用船を合計して、およそ110艘前後であった。

　朝鮮通信使は、船上から小倉の町をよく観察しており、特に南蛮造りの特異な構造であった小倉城や虹橋と表現された常盤橋は、各回の使行録に必ず記されている。

　また、小倉藩は通信使の淀川上りに使用する川御座船の提供、山城淀からの陸行に使用する鞍置馬の提供、朝鮮通信使の江戸登城時の城内通路警備など、さまざまな通信使御馳走を担当するとともに、天和2年の使行では江戸御馳走役も務めている。

　小倉藩は、朝鮮通信使の最後の使行で対馬での易地聘礼となった文化8年（1811）、藩主の小笠原忠固が幕府の上使に任じられたため、多くの藩士が忠固とともに対馬に渡海している。忠固が幕府上使となった理由は、譜代大名で礼法に通じた家柄であったこと、藩領が対馬に近いこと、朝鮮通信使の応接に精通していたことなどが挙げられる。

　小笠原忠固は、4月15日から6月19日まで対馬に滞在した。朝鮮国書の接受は5月22日、饗応は5月26日、将軍返書（日本国書）の伝達は6月15日であった。その後、ただちに江戸に参府し、8月15日に江戸城で将軍に復命して、その役割を終えた。

　小倉藩に関係するユネスコ記憶遺産登録資料は、福岡県立育徳館高校錦陵同窓会が所蔵する小倉藩朝鮮通信使対馬易地聘礼記録（小笠原文庫）のうち、「対州御下向海陸日記」など6冊である。

最後の朝鮮通信使、易地聘礼の記録として貴重である。

下関

長州藩の朝鮮通信使御馳走

　下関での応接は長州藩が担当し、この地を領有する支藩の長府藩が「御馳走御手伝」を行った。小倉藩の海上警固で下関海峡に入った6隻の朝鮮通信使船は、巌流島付近で長州藩に引き継がれ、長州藩はこれを漕船で阿弥陀寺下の桟橋付近に曳航した。

　朝鮮通信使の客館は、阿弥陀寺（現在の赤間神宮）と引接寺が充てられた。阿弥陀寺には三使から上官まで、引接寺には中官および下官が宿泊した。阿弥陀寺は壇ノ浦合戦で入水した安徳天皇を祀る下関を象徴する寺院であり、室町時代や豊臣政権下に来日した朝鮮通信使も客館として利用した。江戸時代になると使行の随員が増大したことから、引接寺も客館に加えられた。客館は両寺の境内に使行のたびに藩費をもって新築され、豪華な調度品で装飾された。護行の対馬藩主は対馬藩御用を務めていた本陣伊藤家に宿泊、以酊庵長老や対馬藩士は下関の商家30数軒に分宿した。

　下関は、朝鮮通信使が初めて接する日本の都会であり、死と隣りあわせの波荒い玄界灘の航海から開放されて一息つく地であった。また、波穏やかな瀬戸内海を航行するための潮待ち・風待ちの港であった。

　長州藩では客館の新築、波止場の修築、海上および陸上警固、饗応、下行、酒・菓子・果物・特産品の音信物の贈答などの御馳走を行ったが、このうち長府藩は客館や波止場の陸上警固、饗応時の世話や給仕を行う賄方、米や食糧、嗜好品を提供する下行を

表1

項　　目	萩　　藩	長府藩	合　　計
1　藩士民の動員数（単位：人）			
藩　　　　士	107	236	343
足軽・中間	200	305	505
船　　　頭	31	10	41
舸　　　子	3,140	500	3,640
合　　　計	3,478	1,051	4,529
2　船舶の徴集数（単位：艘）			
関　　　船	29	3	32
小　関　船		7	7
小　　　早	17		17
通　　　船	36		36
橋船（端船）	22		22
荷　　　船	5	5	10
鯨　　　船		9	9
小　　　船	546	122	668
綱　碇　船		2	2
合　　　計	655	148	803

担当した。また、淀川上りの川御座船の提供も長州藩に課せられており、長府藩の川御座船が利用された。

　長州藩が下関での通信使御馳走に動員した人員と徴集した船舶は、正徳の使行では表1のとおりとなり、下行品は表2のとおりとなる。特に天候不順が続くと滞在は10日を越えることもあり、その負担は大きいものとなった。

表2

品　目	数　　量
米	白米 104 石 7 斗
調味料	味噌 19 石 6 斗 6 升 8 合、醤油 8 石 2 斗 6 升 3 合、酢 5 石 5 斗 6 合、塩 8 石 5 斗 8 升 5 合 5 勺、胡麻油 4 石 7 斗 4 合
嗜好品	酒 34 石 4 斗 2 升、割たばこ 89 貫 960 匁、挽茶 131 棗 (極揃挽茶を含む)
魚介類	鮮鯛 597 隻、生小鯛 491 隻、生鰤 137 隻、生鯔 1,656 隻、塩鯛 3,568 枚、海苔 91 把、塩小鯛 1,461 枚、鰪 261 枚、串海鼠 195 桁、鰹節 1,172 節、干鱈 120 枚、生蚫 555 盃
鳥肉類	鶏 478 羽、玉子 636 勺、雉子 60 羽
獣肉類	家猪 5 疋、鹿 1 疋、兎 7 羽
野菜類	大根 7,866 本、牛蒡 3,678 本、根深 1,273 把、茄子 1,052 本、人参 3,343 本、薯蕷 116 本、里芋 5 石 9 斗 7 升 4 合、防風 112 把、茗荷 2 升 6 合、にんにく 916 把、蕪菜 204 把、生姜 1 斗 2 升、葉生姜 106 把、せり 95 把、椎茸 2 斗 4 升
果実類	大栗 544、小栗 4 斗 3 升、九年母 552、柿 132、釣柿 270 曲、唐茱萸 100、柚子 190
加工品	豆腐 375 丁
菓子類	干菓子 14 斤半と 80 曲
その他	薪 3,035 把、炭 770 俵

　饗応は阿弥陀寺で行われ、三使から下官に至るまで豪華な料理が振舞われた。下関の饗応は五所路宴となった正徳の使行時を含め毎回行われており、三使や上々官には七五三の儀礼膳（正徳の

使行時のみ五五三膳）、三汁十五菜の引替膳が提供された。

　長州藩は江戸時代、対馬易地聘礼を除く 11 回の通信使御馳走を行っているが、正徳の使行時のもてなしは通信使に高く評価された。通信使は長州藩主毛利吉元に進物を贈り、これを謝している。対馬藩主宗義方も「長門下之関御馳走一番」と幕府に報告している。異例の藩主応接を行うなどした長州藩が、沿道諸藩のなかで最も手厚いもてなしを行ったことがわかる。

　また、阿弥陀寺では朝鮮通信使および随員と長州藩学者による学術交流が盛んに行われた。日朝両国の関係が安定すると、朝鮮通信使は文化使節団としての性格を強くもつようになった。三使はもちろんのこと、使行の随員にも朝鮮国を代表する儒学者、医官、画家などが起用されていたことから、日本の学者は先進的な儒学や医学を学ぶため、彼らからの教授の機会を得ようとした。また、通信使も日本において、朝鮮国に有用な知識や技術の吸収に努めようとした。その結果、日本の各地で学術交流が行われたが、長州藩では正徳の使行からこれを藩命で行うようになった。学術交流の成果は、藩校明倫館などから出版されて藩内に浸透した。この学術交流で通信使から高く評価された学者が山縣周南と波田嵩山であった。二人は通信使との交流により、学者としての名声を得た。

　ところで、三使は阿弥陀寺で安徳天皇の悲劇を偲ぶ「壇ノ浦懐古詩」を創作することを下関での楽しみとした。朝鮮通信使による「壇ノ浦懐古詩」の詩作は室町時代から慣例となっていたが、江戸時代の朝鮮通信使は「探賊使」として来日し、日朝の国交回復に尽力した松雲大師惟政の詩の韻を踏襲した。通信使にとって阿弥陀寺は、日本の故事を学ぶとともに、その学才を披露する場となった。朝鮮通信使が阿弥陀寺に遺した詩は、長州藩学者が漢

詩創作のテキストとした。

　朝鮮通信使の来日目的の一つに日本の国情探索がある。下関は西日本の海陸交通の要地であったことから、通信使は下関を詳細に観察している。海峡の奇観と急潮に対する驚き、商家が密集して人びとがあふれ、港には数多くの商船が停泊していること、軍事的な立地などについて、各使行録に詳しく記されている。

　なお、長府藩は下関での「御馳走御手伝」とは別に、幕府から直接、藩地を遠く離れた地での通信使御馳走を命じられたことが二度あった。一度目は延享度の使行時の駿河吉原宿での昼休みの応接、二度目は宝暦度の使行時の江戸御馳走役である。特に江戸御馳走役は大任で、江戸の客館において１月近く滞在する朝鮮通信使の世話や警固、各種聘礼行事の手伝いなどを行った。

　下関には朝鮮通信使に関連する当時の遺構は現存しておらず、わずかに通信使が上陸した付近の阿弥陀寺公園に市民によって建立された朝鮮通信使上陸記念碑があるのみである。この記念碑から海峡を眺めると、通信使船が海峡の急潮に苦労しながら入港した様子を偲ぶことができる。

　下関に所在するユネスコ世界記憶遺産登録資料は５件10点あり、阿弥陀寺を継承した赤間神宮と下関市立歴史博物館で見ることができる。赤間神宮には正徳度の朝鮮通信使副使任守幹が作詩した「壇ノ浦懐古詩」１点がある。現存する唯一の朝鮮通信使作詩の「壇ノ浦懐古詩」である。また、歴史博物館には４件９点あり、そのうち「波田嵩山朝鮮通信使唱酬詩並筆語」６点は、宝暦度の使行時に阿弥陀寺で行われた長州藩学者の波田嵩山と朝鮮通信使随員の学術交流の記録である。また、記録性に優れた「延享五年朝鮮通信使登城行列図」１巻、通信使画員の日本滞在中の作品である「金明国筆拾得図」１幅、宝暦の使行時の正使でサツマイモ

下関　上陸記念碑

を朝鮮国に持ち帰ったことで有名な趙曮が揮毫した「宝暦十四年朝鮮通信使正使趙曮書帖」１帖がある。歴史博物館には登録資料のほかにも、朝鮮通信使資料を所蔵しており、これらは登録資料とともに常設展示されている。

　そのほか、下関に関連するユネスコ世界記憶遺産登録資料として、山口県立山口博物館所蔵の「正徳元年朝鮮通信使進物目録」１点と、山口県文書館所蔵の「朝鮮信使御記録」13冊がある。進物目録は、朝鮮通信使が毛利吉元に対して「長門下之関御馳走一番」を謝して贈った進物の目録であり、進物の品々とあせて重要文化財となっている。「朝鮮信使御記録」はこの時の使行の長州藩の供応記録である。

上関

長州藩の朝鮮通信使御馳走

　下関を出船した朝鮮通信使は、長州藩の海上警固により周防上
関へと向かった。この間の航行距離は長かったことから、天候や
潮流の関係により途中、防長の各浦に船繋りすることも多かった。
　上関は萩藩領であったことから、ここでの応接も長州藩が担当
し、岩国を領する吉川氏が「御馳走御手伝」を行った。上関は室
津半島の突端とその前に浮かぶ長島が風波を遮る天然の良港で
あったことから、古くは竈戸関と呼ばれ、瀬戸内海の海上交通の
要衝となっていた。通信使船は、長州藩の軍船などに護られ、漕
船に曳航されて長島に入港した。上関の客館は萩藩主の御茶屋（別
邸）が充てられた。朝鮮通信使は、この日のために設けられた桟
橋である唐人橋から上陸し御茶屋に入った。護行の宗対馬守は明
関寺、以酊庵長老は阿弥陀寺に宿泊し、対馬藩士は町家に分宿し

上関

た。また、超専寺には萩藩から派遣された上関惣奉行が長期にわたって滞在した。萩藩士や吉川家の家臣も数か月前から長期滞在するため、島民はこの間、住居を提供した。なお、上関では饗応は行われず、下行と音信物の贈答だけであった。

　復路の朝鮮通信使は帰国を急ぐため、上関には宿泊しないこともあり、その場合は下行のみを船上で受け取った。また、正徳度の使行時の復路、上関近海で副使船と日本の小船が接触し、日本人２人が溺死する事件が起きている。

　上関を出船した朝鮮通信使は長州藩に警固されながら、次の寄港地である安芸の下蒲刈島を目指した。長州藩による海上警固は、下蒲刈島まで続いた。

　上関は都市化の波に取り残されたお蔭で、朝鮮通信使関連の遺構がよく保存されている。移設されてはいるが上関旧番所は、吉川家が朝鮮通信使を応接するために建てた仮番所を、そののち定番所としたものであり、現在、山口県指定文化財となっている。また、客館となった御茶屋についても石垣などの遺構を確認することができる。

　上関にあるユネスコ世界記憶遺産登録資料は、「朝鮮通信使船上関来航図」である。これは宝暦の使行と推定される通信使船６隻が長州藩の軍船などに警固・曳航されて上関に入港する様子を画いたものである。瀬戸内海を航行する船団の陣形、これを迎える港や町の様子がよくわかり、記録画として貴重である。

（日本学術委員会副委員長）

辛基秀さんのこと

町田　一仁

　2017年10月31日未明、「朝鮮通信使に関する記録」がユネスコ世界記憶遺産に登録された。ユネスコ本部のあるパリの現地時間では10月30日夕刻であった。

　登録決定を知らせるユネスコのホームページを食い入るように閲覧していた私はこの瞬間、欣喜雀躍し時間を考えずに友人・知人にメールした。

　ふと、われに返って本棚を見ると2002年10月に亡くなった辛基秀さんの著書が並んでいた。そうだ、この報告はまず辛さんにすべきであったと恥じた。辛さんがご存命であれば、このことを誰よりも喜んだはずである。外に出て満天の星が輝く空を見上げて手を合わせ、天上にいる辛さんにユネスコ世界記憶遺産登録を報告した。

　歴史の片隅に忘れ去られていた朝鮮通信使を広く世に知らしめたのは辛さんの力によるところが大きい。それは誰もが認めるところである。辛さんが亡くなって15年、朝鮮通信使の歴史的な意義が、ようやく世界で認められた。

　「朝鮮通信使に関する記録」のユネスコ世界記憶遺産登録は、辛さんをはじめとする先達の血のにじむような努力があって成しとげられたものなのだ。私たちはこのことを忘れることなく、その志を継いでいかなければならないと思いを強くした。

下蒲刈・鞆の浦・
牛窓・室津

倉地　克直

下蒲刈

　広島湾沖の倉橋島を大きくまわった朝鮮通信使の船団は、呉市東南にある下蒲刈島に向かい、三之瀬の湊に停泊する。現在は本土とのあいだは橋でつながっているが、そこにはおだやかな瀬戸が広がっている。三之瀬は御茶屋・本陣・番所を備え、幕府役人や参勤大名の接待が行われる広島藩の外港であった。通信使一行に対しても、ここで広島藩による接待が行われた。使節一行の接待場所にあてられたのは、「上之御茶屋」「下之御茶屋」という二つの建物で、来航のたびに新築同様に大改修が行われた。多くの官人のためには、「下之御茶屋」の周辺に「仮屋」が新築された。

松濤園　御馳走一番館（呉市下蒲刈町）

本陣は宗対馬守の宿所とされ、以酊庵長老の宿所には弘願寺があてられた。

1711年に幕府から各地の接待の様子を訪ねられた宗対馬守は、前回は「安芸蒲刈御馳走一番」と答えたという。広島藩では他藩に負けないように万全の体制で饗応に臨んだが、その結果であった。儀礼として準備されたのは、朝夕は「七五三の膳」、昼は「五五三の膳」であった。このうち「七五三の膳」は50品にもおよぶ盛大なものであったが、実際に食するのは替わりに出される「三汁十五菜」の料理であった。このとき一緒に出される「忍冬酒」や地元の「諸白」（清酒）は好評で、使行録にも「日本の好酒は皆この州（安芸国）から出る」と記されている。

現在下蒲刈では、蘭島文化振興財団によって「朝鮮通信使資料館　御馳走一番館」が整備されている。ここには通信使ゆかりの資料や品々が集められていて、華やかな通行の様子を体感することができる。「七五三の膳」や「三汁十五菜」の復元、10分の1サイズの正使乗船の復元模型に目をうばわれる。本陣や「上官・次官小屋」の復元模型、通信使行列人形も展示に花を添えている。

周辺には本陣や番所の建物が復元され、日本庭園も各所に整備されていて、気持ちよく散策することができる。復元された本陣の海手には「福島雁木」が残っている。かつて「下之御茶屋」の前にあったもので、ここから通信使たちも上陸した。

蘭島文化振興財団が所有する資料から、「朝鮮人来朝覚　備前御馳走船行烈図」が登録された。これは8メートルをこえる絵巻物で、備前国日比（現岡山県玉野市）の沖を通行する使節の船団とそれを案内する岡山藩の船が生き生きと描かれている。小船に乗り使節の船に近づいて見学する人や、着飾って小島に上って見学する人がユーモラスに描かれている。広島藩による接待に関す

る資料は、『広島藩・朝鮮通信使来聘記』（呉市・安芸郡下蒲刈町）にまとめて紹介されている。

鞆の浦

　芸予諸島を抜けると、燧灘に突きでた沼隈半島の東の先端に鞆の浦（広島県福山市）がある。ここも古くから潮待ちの湊として知られたところだ。海を見下ろす小高い場所に福禅寺がある。この寺の客殿などが朝鮮通信使の接待場所となった。接待を主に担当したのは、備後福山藩であった。

　1711年の12月、江戸での国書交換を無事終えた使節一行は、例によって福禅寺客殿において歓待をうけた。そのとき三使のあいだで対馬から江戸までのどこの景色が一番良いかが話題になった。その結果、ここの眺めが一番だとみなの意見が一致し、従事官の李邦彦が「日東第一形勝」という文字を書にしたためて、福

鞆の浦　対潮楼のある福禅寺を海側からみる。

74

禅寺の住持に贈った。この文字を扁額にしたものが、いまもこの客殿に飾られている。

　朝鮮の官人のあいだで鞆の浦の景色のすばらしさが知られるようになった。1748 年 7 月、やはり江戸からの帰路に三使らは福禅寺客殿で接待をうけ、そこからの景色を堪能した。正使の洪啓禧は客殿を「対潮楼」と名づけ、息子の洪景海が書にした。この文字を扁額にしたものも、やはり客殿に懸けられている。

　たしかに対潮楼からの眺めはすばらしい。左手に仙酔島や弁天島が見え、正面に広がる瀬戸内の海の先には遠く四国の山並みも望める。福禅寺境内は、牛窓本蓮寺や興津清見寺とともに、「朝鮮通信使遺跡」として国の史跡に指定されている。

　対潮楼の室内には、通信使の三使らが詠んだ漢詩を刻んだ木額が所狭しと飾られていて圧巻だ。これらは大坂の商人や鞆の保命酒屋中村家が寄贈した。「日東第一形勝」と「対潮楼」の扁額は、福山藩主が作らせたものだ。通信使接待の歴史に誇りをもつ人たちが、後世に遺した貴重な文化遺産である。そしてそれが現在も地元の人たちによって大切に保存されている。対潮楼の座敷に座ると、そうした人びとの思いがひしひしと伝わってくる。

　こうした額の原本が今回ユネスコの記憶遺産に登録された。李邦彦筆「日東第一形勝」と洪景海筆「対潮楼」の書、1711 年の正使趙泰億・副使任守幹・従事官李邦彦の書軸 3 点、1748 年の三使らの漢詩 9 首をおさめる書巻「韓客詞花」である。こうした原本とそれを刻字した額がともに遺されていることが、福禅寺の資産のすぐれた特徴である。

　福禅寺からでて古い町並みを歩くと、かつての商家の建物なども残っている。城山に登ると鞆の浦歴史民俗資料館がある。通信使接待をはじめとした湊町鞆の浦の繁栄をしのぶことができる。

牛窓

　鞆の浦を出帆した朝鮮通信使一行は、笠岡諸島を抜けて、水島
灘に出る。かなたの水島あたりに岡山藩の船団が待ちかまえてい
るのが見える。その案内を受けて下津井沖に至ると、岡山藩の使
者が挨拶に訪れる。藩主からの贈り物とともに、食料や水が供さ
れる。この日は児島の日比あたりに停泊して一夜を明かす。

　翌朝にぎやかな音楽とともに出発した一行は、昼前には牛窓（岡
山県瀬戸内市）に到着する。使節や対馬藩の主立ったものは上陸
して岡山藩の接待を受けた。牛窓は「万葉集」にも詠われる古来
からの良港で、室町時代にはこの地の領主が朝鮮国に使者を送っ
ている。戦国時代に戦火にあって一時さびれたが、江戸時代になっ
て通信使が寄港するようになると、岡山藩によって港湾や町並み
が整備され、再び活気溢れる湊町になっていた。

本蓮寺の境内。建物は客殿。

はじめ通信使の三使が接待されたのは、本蓮寺であった。本蓮寺は室町時代に創建された寺院で、国指定重要文化財である本堂・番神堂・中門が現在も残っている、客殿には「謁見の間」と伝えられる座敷がある。ただし、この建物は18世紀になって建てられたもので、実際にこれに使節が泊まったわけではない。それ以前にも同じ場所に似たような施設があって、そこで使節の接待が行われたのだろう。本蓮寺境内は、「朝鮮通信使遺跡」として国の史跡に指定されている。今でも浄められた静かな境内にたたずむと、使節たちが旅の疲れを癒やし、心落ち着かせた往時をしのぶことができる。

　1682年の使節から接待は藩の御茶屋で行われた。この御茶屋の建物自体は残っていないが、その隣にあった藩の湊番所の建物や上官次官以下の使節一行が接待された建物は、一部が江戸時代を引き継ぐように残っている。接待のために設けられたという井戸もある。宗対馬守の宿所があったあたりに、明治20年（1887）に建てられた旧牛窓警察署の建物がある。現在は「牛窓海遊文化館」として利用されており、通信使に関係した資料とともに、牛窓神社の祭りで使われる華麗な「船だんじり」を見学することができる。町並みを散策して一歩海手に出ると、目の前の前島とのあいだに、おだやかな「唐琴の瀬戸」が広がっている。再建された燈籠堂も往時をしのばせてくれる。

　1643年から1711年までの朝鮮使節が書いた漢詩の書軸9点が本蓮寺に伝えられている。それらがまとめて、今回ユネスコ世界記憶遺産に登録された。また、岡山藩による接待の様子を記録した資料は、『池田家文庫資料叢書2・朝鮮通信使饗応関係資料』上・下（岡山大学出版会）として刊行されている。

室津

　1607年の朝鮮使節は、江戸時代になって最初の使節である。一行は3月28日に上関に宿泊したのち、6日間は船上で夜を過ごすことになる。そして4月5日になって播磨国室津（兵庫県たつの市御津町）でようやく上陸して宿泊することができた。最初の3回目くらいまでは、日本国内の政治・社会状況が安定せず、のちのように各地で接待する体制は整っていなかった。この時期、毎回確実に上陸して接待がなされたのは、瀬戸内海では赤間関（下関）と室津・兵庫だけであった。1607年の副使であった慶七松は「海槎録」に、「閭閻（民家）は繁盛で、浦を挟んで村を成し、人物の盛んなること牛窓に優る、館舎に下宿す」と記している。接待に当ったのは姫路藩主池田輝政、館舎は藩が新しく設けた御茶屋であった。当時輝政は、みずからの領地である播磨一国に加えて息子に与えられた備前国と淡路国もあわせて支配しており、

室津の湊町の町並み

「西国の将軍」と呼ばれるような権勢を誇っていた。まさに外国使節を接待するのにふさわしい大大名であった。

　3回目の1624年の使節一行も、室津に上陸して歓待をうけた。副使の姜弘重は「閭閻は櫛の如くに稠密で、大半が瓦屋だ、生計は富貴で、浦中が甚だ潤っている」と書いている。「浦の中には五、六〇〇艘の船がひしめいていた」とも述べている。賑々しい様子が目に浮かぶ。

　この室津での1764年の来航の様子を記録した華麗な屏風が残っている。作らせたのは「陰山儀長」という人。前回の1748年と今回の2度にわたって「船備の役」を努めたというから、「船年寄」のような地元の有力者だろうか。画面右端のやや上方に「酒井雅楽頭様御代宝暦十四年甲申年韓使来聘　播西室津湊内船備并御献上御馬鷹海路行列図」と記されている。画面右中央には立派な御茶屋の建物が描かれ、その前には三使の騎船3艘と卜船3艘が繋留されている。湾内には所狭しと案内や警護の船が描かれる。湾外から列をなして進入しつつある船団は、献上船一行を描いたものだろう。湾外の小さな入り江にも浦船が待機している様子を見ることができる。使節の中官下官の宿所になった寺院や、岬の上に建つ賀茂神社をはじめ、町並みの様子もていねいに描かれている。

　現在室津の町を訪れると、この屏風の通りの町筋を確かめながら歩くことができる。町のなかにはかつての豪商の家を利用した「室津海駅館」や「室津民俗館」があり、往時の湊町の繁栄をしのぶことができる。　　　　　　　　　　　（日本学術委員会委員）

地元の努力に支えられて　　　　倉地　克直

　私たちがユネスコ世界記憶遺産に登録申請した朝鮮通信使記録が、他の場合と異なる特徴はいくつもあるだろうが、私が強調したいのは日本の各地に通信使一行自身が書き残した資料が多く含まれているということだ。通信使は対馬から江戸まで長い距離を旅行し、途中に各地で接待を受け、その地の人びとと盛んに交流した。そのため朝鮮の人が書いた書画が現地に遺され、それが現在まで大切に伝えられてきているのだ。この事実自体が日本と韓国の「善隣友好の歴史」を示す厳然とした証しなのだと考えている。

　同じことは韓国側の申請資料についてもいえる。日本人の書いた書画がその場で朝鮮の使節に贈られ、それがもち帰られ韓国の国内に伝えられて、今回登録された。こうした相互性も私たちの申請の特徴だといってよいだろう。

　私が岡山に移り住むことになった38年前には、ゆかりの地である牛窓でも朝鮮通信使のことが話題になることはほとんどなかった。それが、ソウルオリンピックが開催された1988年に現在の牛窓海遊文化館の前身である朝鮮通信使資料館が開設され、1991年にはじめて牛窓で朝鮮通信使行列が行われた。通信使行列は、その後もほぼ毎年続けておこなわれており、湊町の風物詩として定着している。こうした地元の人びとの努力が続けられてきたからこそ、ユネスコ世界記憶遺産登録という大事業も実現することができたのだと強く思う。地元の人々の努力に支えられてこの事業にかかわることができたのは本当にうれしいことだった。

大坂・京都

仲尾　宏

大坂

　大坂（大阪）は朝鮮通信使が日本派遣の旅路ではじめてゆっくりと旅装をゆるめることができた地である。じつは室町時代にも何度か朝鮮からの使節団が京都までやってきていたが、そのころは兵庫で上陸して西宮から西国街道ぞいに入洛していた。その後、豊臣政権が大坂を支配以後、大坂湾口を整備して大小の船の出入りの便が容易になると朝鮮通信使船のような吃水の深い大型の船舶の繋留が可能になったことが大坂入港とされた理由だろう。ともあれ、安治川河口付近に6隻の大型船をつないで、一行は日本側が用意した吃水の浅い船に乗りかえて上流にむかう。そのころの一帯の情景は「青松が籬をなすようにならび、洲の間をゆくかあちこちに平らな沙があり、蘆や萩の花が咲き白い鷗が泳いでいる。通過する橋の上には男女が鈴なりである」。こうして一行の船団は土佐堀川の難波橋の南岸に到着して上陸、堺筋を一路南下して備後町を西へ折れて宿舎の西本願寺津村別院にはいる。幕初のころとただ一回の東本願寺宿泊を除けば、あとはすべて津村別院ともよばれたここが一行の定宿となった。広大な伽藍と一行の将軍進物用の馬や鷹の舎屋も境内におかれた、とあるから船員をのぞいて約400人になんなんとする一行には最適と見たてられたのであろう。

　大坂では将軍の名代として大坂城代が「上使」として問慰におとずれる。また大坂の学者や文人がひきもきらずに一行中の学者

たちに詩文や揮毫をもとめてくるので、ついには随行の対馬藩を介したもののみに訪問を限定したが、その決まりは空文におわったらしい。

　さて大坂では通例、江戸へ行く必要がない船乗りたちは通信使一行が江戸より帰着するまでの数十日間を船の停泊地である川口で帰路に備えて船の修理に明け暮れる毎日である。この間、彼らは日本人との接触は対馬藩士をのぞいて許されず、しかも船中泊であった。

　その理由はたぶん私的な人参取引にあったのではないかとされている。現に1764（宝暦14）年には対馬藩士（鈴木伝蔵）が一行随員の崔天宗を殺害するというとんでもない事件が発生した。この年には他の事件も起こった。そのひとつは長期間の不自由な生活で鬱病を発して自死をとげた人が出たことである。さらに一行の小童とよばれていた子弟軍官・金漢重の病が重くなり、日本側の医師の手当ての甲斐もなく、病死したことであった。停泊していた船の近くの竹林寺ではとりあえずの葬儀と仮埋葬をおこなって３人の菩提を弔った。現在も西区の同寺には金漢重の墓があり、崔天宗とともに位牌を同寺で供養している。また竹林寺の近く松島公園には朝鮮通信使上陸の事跡を記す記念の碑が建てられている。

　自身の死期が近いことを悟った金漢重は同寺に次の一詩を残した。当時の竹林寺の住職が異国で落命した若者・金漢重の死を悼んで詠んだ和歌をかかげておこう。

　　今春倭国客　　去年韓人中
　　浮世何定処　　可帰古地春　金泯江　　行年二二春（墓石碑文）
　　日の本に　消えにし露の玉とぞは　知らで新羅の人ぞ待つ

竹林寺ではまた船乗りたちの無聊をいやすために、境内で朝鮮の相撲を取らせたり（1719年）、酒や煙草を提供したり（1764年）して彼らを慰める機会を提供することがあった。江戸時代に花咲いたおのずからなる民間の国際交流である。

　通信使一行の大坂の見聞は宿館と難波橋近くの乗下船場の往復路である堺筋と備後町通だけに限られていた。その観察によれば、商屋ごとに防火の設備を示す看板が掲げられているので、その商売がすぐにわかる。また奉行所からのお触れのためもあってか、あふれかえる見物の人びとはみんな静粛で行儀がよい、とその感想をのべている。

京都

　大坂から京都への船旅は淀川の遡上である。この遡上にはやはり日本側の船をもちいることになる。なにしろ、国賓待遇の一行であるから幕府は西国の大大名に命じて豪華な船の供出を求めた。大名たちは藩主の参勤交代のときに瀬戸内海を綺羅をつくした船をもちいていたからこぞってそれらを提供した。また幕府も「公儀船」をもちいることとした。朝鮮国王の国書を乗せた国書船を先頭に正使、副使、従事官船、それに上上官、上判事、対馬から江戸まで随行を仰せつかった対馬以酊庵長老僧などの身分の高い人びとが乗船する船を操る水夫たちの舟歌を聞きながら、ひとときの旅情を楽しんだことが毎次の一行の旅日記である「使行録」に記されている。この船団の航行にはおびただしい水浚え、綱引の人夫が沿岸の農村から集められた。もちろん、その日当は支払われたが出動の負担は並大抵のものではなかった。なかには大勢

の見物人を見込んで沿岸の堤防で藁布団を貸し出してもうけようとした農民もいた。

　山城の淀で下船した一行はそこから鳥羽街道を経て京都市中へと向かうが、これからの陸路は一行のために使用される輿や籠、馬、それに膨大な荷物の運送のための荷馬と荷物を乗せ、また馬を牽く人びとが必要である。それらは西国の諸大名に分担させられた。

　ちなみにこの朝鮮通信使の送迎の費用は10万石以上の大名はすべて「自分馳走」、それ以外の中小大名の場合や幕府直轄地は公儀負担とされた。しかしその負担は後に「国役」として農民に臨時税として賦課されてくる。ともかく淀の町はひととき喧騒をきわめ、上陸地点には「唐人雁木」と名づけられた桟橋の遺跡もある。

　京都での通信使の宿泊は柴野大徳寺が初期の3回、ついで下京の本国寺が7回、そして1719（享保4）年だけが寺町の本能寺であった。その理由は「本国寺大破のため」とある史料はいうが、くわしくは不明である。初期のころは一行は数日滞在し、わけても1607（慶長12）年の副使の日記には滞在中のある一日、東山一帯の名所めぐりを楽しんだことが記されている。だが、そのあとはたいてい、往路、復路とも一泊のみの滞在であった。1617（元和3）年の場合は2代将軍秀忠が伏見城に滞在していたため、国書交換の聘礼儀式は伏見城で挙行された。ときあたかも大坂冬・夏の陣で豊臣氏が滅亡してまもないころであり、朝鮮側でも今回の訪日の名目を「日域統合祝賀使節」としていたからいつもよりも親善ムードにみちていたことであろう。

　通信使の京都滞在のときに一行がふれないわけにいかなかったものが二つあった。

京都耳（鼻）塚　豊臣秀吉の朝鮮侵略の惨禍を伝えている

　その一つは「耳塚」の存在である。ただしくは「鼻塚」とよぶ
べきものであり、通信使の記録にもそのように記されているのだ
が、毎回の一行の旅日記である「使行録」にも見るに耐えないも
のとして心を痛めている様子がのべられている。この塚を一行が
見聞することになるのは江戸で一行が国書交換の使命を無事はた
して帰洛して来たさい、当時存在していた巨大な方広寺大仏殿前
に「鼻塚」があり、いやでも一行の目にはいる位置にある。なお、
今日、通称「耳塚」は「鼻塚」が正しい呼称であったことは秀吉
の命令書はすべて「手にさまたぐる者はことごとく切捨てたるか、
後は鼻ばかりを取て命を助る様にと御朱印下されける間、男女を
云わず鼻を斬りたり」という史料をはじめ、数々の「鼻請取状」
の存在が残されていることから明らかであろう。

ところが、1719（享保4）年の通信使はこの小宴を受けないと拒否したのである。問題は幕府の出先機関である京都所司代を巻きこんで大騒ぎとなったが、結果として次回からこの小宴は中止された。じつはその前回のとき、対馬藩儒の雨森芳洲は幕閣にあった新井白石に書簡を送って「鼻塚」に囲いをして通信使一行の目にふれないように、と提案していた。白石もそれに賛同して竹の囲いができることになった。芳洲は後年の著作のなかで「耳塚とても豊臣家無名の師を起し、両国無数の人民を殺害せられたる事に候エバ、其の暴悪をかさねて申し出すべき事に候とて」と壬辰倭乱の惨禍を徹底的に批判する事例としてとりあげている。

　もうひとつは天皇の存在である。朝鮮国では日本の主権を担っているのは徳川大君であり、それは事実上の「国王」であるから、朝鮮国王とは対等な交隣関係が成立しているのだという建前がある。もし天皇が国王より上位の存在であるならば日本との交隣関係は成り立たない。したがって毎回の通信使の三使臣たちは執拗なくらい当時の天皇の地位や職務、徳川氏との関係について観察し、報告のための記述を残している。京都での一行はその観察や聴き取りに不可欠の機会であった、といっていいだろう。

　大坂のユネスコ登録資料は次の11点でいずれも大阪歴史博物館の所蔵であり、故辛基秀コレクションのものである。①正徳度通信使行列絵巻、②天和度朝鮮通信使登城行列絵巻、③正徳度朝鮮通信使国書先導船図屏風、④正徳度朝鮮通信使上々官第三船図供船図、⑤朝鮮通信使御楼船図屏風、⑥朝鮮通信使小童図（英一蝶画）、⑦釜山浦富士山図、⑧彦根藩岡本半介筆録、⑨寿老人図、⑩瀟湘八景図巻、⑪松下虎図。

　京都関係では、外交関係資料で、①1607年の朝鮮国書、②同

じく 1617 年の朝鮮国書。いずれも京都大学総合博物館蔵。旅程の記録で、①朝鮮通信使参着行列図屏風、②宗対馬守護行帰路行列図、③2代目鳥居清信の手になる「馬上才図」で、いずれも高麗美術館蔵。とくに旅程の記録①と②は 1711 年の通信使来聘に際して、幕閣の土屋老中の下命により、対馬藩の御用絵師が正確な記録として後世に残すために制作を発注したものである。

また、このほかに泉涌寺の狩野益信の筆になる「朝鮮通信使歓待図屏風」は江戸の項目でも触れるが、通信使を迎えた江戸市中の民衆の歓迎ぶりと城内の国書進呈前の荘重な雰囲気を伝えた作品で、京都市の指定文化財に指定されており、国の重要文化財に指定されている京都大学所蔵の朝鮮国書とともに貴重な作品である。

京都の文化交流関係資料では、相国寺慈照院の「韓客詞章」4巻がある。こちらも京都市の指定を受けた文化財だが、1711 年の通信使の江戸東上に随行した同院の別宗祖縁と趙泰億ら三使との心温まる交流の詩文や書簡のやりとりをまとめた文集である。

（日本学術委員会委員長）

近江と雨森芳洲

佐々木　悦也

誠信外交の実践者・雨森芳洲

　雨森芳洲（1668〜1755）は、1668（寛文8）年、北近江の雨森村（現・滋賀県長浜市高月町雨森）に生まれた（一説に京都、伊勢とも）。通称は東五郎、朝鮮風に雨森東とも称した。

　京都で町医者をしていた父にならい医学を志すが、のち儒学者に転じて江戸に出た。木下順庵の門下では、新井白石、室鳩巣らと共に『木門の五先生』に数えられた。「文は芳洲、詩は白石」と称されるなど文章の秀逸さは際立ち、師は「後進の領袖」と評したという。

　元禄2（1689）年、対馬藩は順庵に儒者の幹旋を求めてきた。対馬では進講のほかに外交文書の解読・起草なども務められる学識豊かな儒者を必要としていた。順庵は当時22歳の芳洲を抜擢。若い芳洲は江戸藩邸に勤めながら中国語を学びはじめ、長崎へ数度遊学している。藩の儒者採用の目的を承知して、漢文能力の向上をはかるためであったのだろう。

　26歳のとき、対馬に赴任。藩の文教をつかさどるかたわら、内政・外交にかかわる藩主御用人などを務めた。31歳のとき、朝鮮外交を担当する朝鮮御用支配役の補佐役に任じられ、その後20年余務めた。はじめて朝鮮へ渡ったのは35歳のとき。この訪朝は彼に朝鮮および朝鮮語の理解が不可欠なものと痛感させたのだろう。翌年から二度、釜山の倭館（対馬藩の外交役所）に滞

在して、精力的に朝鮮語と朝鮮の諸事を学んだ。それまで藩儒みずから朝鮮留学した前例はなく、芳洲の意気込みと真剣さがうかがえる。この留学で朝鮮語をほぼマスターし、『交隣須知』『全一道人』など16冊の朝鮮語入門書を完成させた。

さらに自身の経験から通訳の重要性に着眼した。たんに朝鮮語が上手なだけでなく才智・学識・篤実をそなえた質の高い通訳の育成を説き、これはのちに藩の通訳養成制度の確立にも生かされた。

朝鮮御用では、1711・1719年に来日した第8次・第9次の朝鮮

雨森芳洲の肖像画（芳洲会蔵）

通信使の真文役（外交文書を解読・起草する職務）として江戸往復の旅に随行し、朝鮮国と幕府とのあいだの折衝役を務めた。この随行を通じ、多くの朝鮮文人と個人的にも親交を深め、それは生涯にわたった。

20歳代に中国語を、30歳代に朝鮮の言葉を学び、母語の日本語をふくめ3か国語を操った雨森芳洲は、当時稀有な国際人であった。

芳洲は、2度にわたり朝鮮通信使一行に同行して対馬・江戸間を往復し、朝鮮文人たちとの交流、釜山の「草梁倭館」への留学、朝鮮の言葉をはじめとする諸事の学習を通じて、独自の国際感覚

をもちえた。

　芳洲は儒学者であったが、当時の儒学者たちにみられた、中国を絶対視する考えはもちあわせていなかった。

　68歳のときに著した随筆『たはれ草』には、「国の尊きと、卑しきとは、君子小人の多きと少なきと、風俗の善し悪しとにこそ拠るべき。中国に生まれたりとて、誇るべきにもあらず。また夷狄に生まれたりとて、恥ずべきにしもあらず」と説いている。

　国と国にははじめから優劣は存在しない。中国だからといって、すべてが優れ、他の国のすべてが劣っているわけではない。国に尊卑があるとするならば、そこに住む人、一人一人の人間の器量や、風俗の善し悪しに拠るべきである。たんに中国に生まれたからといって誇りにすることはまちがっているし、たとえ夷狄と呼ばれる後進国（日本）に生まれたとしても、なんらそのことを恥じる必要はない、と明快に述べている。

　また、芳洲は言葉についても同じような考えをもっていた。一般には、漢字に対してひらがな・カタカナや、ハングル文字は「下等」と考えられていたが、芳洲はそうは考えていなかった。朝鮮の諸事を学ぶため、庶民の文字であるハングル文字の学習にもとりくんだ。

　芳洲は晩年、和歌を学ぶが、漢詩と和歌は表現こそちがえ、その本質は同等であると考えていた。「詩は漢語の精華なるものなり、歌（和歌）は和語（日本語）の精華なるものなり」。ここにも彼の、文化のちがいに優劣は存在しないという、ゆるぎない価値観を見ることができる。

　通信使として来日した李東郭や玄錦谷らとは、帰国後も異邦の莫逆（国境を越えた親友）として終生親交を温めた。そのことは、芳洲が国や民族の垣根を越えて、心の交流を交わした証左であろう。

芳洲は、国際関係においては平等互恵を宗とし、外交の基本は「誠信（誠意と信義）」にあると説いた。

「朝鮮交接の儀は、第一に人情・事勢を知り候事、肝要にて候」

　芳洲が61歳のときに、対馬藩主に宛てた対朝鮮外交の指針書『交隣提醒』の言葉である。

　異なった文化は本質的に平等で、民族間に文化上の優劣はなく、それぞれの民族にとって、かけがえのないものであると考えていた。そして外交にあたっては、国や民族によって風儀も嗜好も異なるので、こちらの尺度だけで相手を測ってはならず、相手の風儀がこちらとちがっているからといって、それを低く見てはいけない。相手の国の歴史・風土・考え方・習慣・人情や作法などをよく理解し、お互いに尊重しあって、おつきあいすべきだと主張した。

　また、「誠信の交わりと申す事、人々申す事に候えども、多くは字義を分明に仕らざる事、これ有り候。誠信と申し候は、実意と申す事にて、互いに欺かず争わず、真実を以て交わり候を、誠信とは申し候」とも説いている。

　この文の「誠信の交わり」を、いま流行の「国際化」に置きかえても、そのままに通用する。しかも「互に欺かず争わず」と、相互の真実をもっての交わりを指摘されているのも見逃せない。芳洲の先進的な国際感覚と思想は、300年のときを経て、国際化が進んだ現代なお指針とすべきものである。芳洲の説いた「相手をよく知り、互いに違いを認め合う」ということは、今日の言葉でいいかえると「異文化理解」「多文化共生」ということであろう。

芳洲の出身地、長浜市高月町では、芳洲の思想を受けつぎ、「湖北の村からアジアが見える」をキャッチフレーズに、官民挙げてさまざまな国際交流にとりくんでいる。

近江

　豊かな水をたたえる湖とそれをとりまく美しい山並み。近江は古くから風光明媚な景勝地として人びとに愛されてきた。中国の「瀟湘八景[1]」になぞらえて制定された近江八景[2]は、南湖周辺の絶景地を選んだもので、この地に遊んだ文人墨客たちは詩歌や絵画に好んで題材とした。

　近江八景の中心となる大津は、古代から水陸交通の要衝であり、宿場町と湊町、二つの顔をもっていた。畿内と東国・北国を結ぶ地として、畿内から東進する東海道・東山道（後の中山道）、琵琶湖の西岸を北上する北陸道（北国海道）はいずれも大津を通っている。

　江戸時代、これら湖岸の美しい風景にふれることを楽しみにしていた外国人たちがいた。朝鮮国王が徳川将軍に宛てた親書を携え、海を渡ってきた朝鮮通信使の一行である。彼らは富士山とともに琵琶湖の景観を楽しみにしていた。

　朝鮮釜山を船出した一行は、まず対馬島に渡り、警護役の対馬藩士数百人の護衛のもと、九州北部・瀬戸内海の各港を経て、大坂から川船に乗りかえて淀川を上り京都に上陸。ここから東へは陸路で江戸へ向かった。

　朝、京都を出発した通信使一行は東海道を通り、大津宿で休憩をとる。東海道と北国海道の分岐点「札の辻」の手前、現在の京阪電車「上栄町駅」近くの本長寺は、通信使が休憩する舎屋になっ

た寺である。その後、湖岸に沿った東海道を東へ進む。木曾義仲や芭蕉ゆかりの義仲寺、膳所城下、粟津の松並、瀬田の唐橋など、目を楽しませるもの盛りだくさんだ。

　景色のよい琵琶湖畔を進む通信使一行を描いた「琵琶湖之図」は、江戸時代末期に円山応震が、祖父の応挙を回顧・顕彰する目的で作成したものである。

　大津宿から三里半歩くと「草津宿」。東海道と中山道の分岐点で「追分道標」が建っている。右折するのが東海道で、石部・水口・土山の各宿場を経て、鈴鹿峠を越えて伊勢国に至る。通信使の一行はここで直進し、中山道を進む。その先には「守山宿」がある。「京発ち守山泊まり」の宿場町としてにぎわった宿場だ。天台宗を開いた最澄が比叡山を守るため、その東門として建てた東門院守山寺がある。通信使一行は、この寺を中心に分宿した。寺には、通信使一行が残した扁額が伝わってきたが、近年の火災により焼失した。当時を物語る資料としては船徳利（波にゆれてもこぼれない形状の徳利）のみ残っている。当地の儒者・宇野春敷と禮泉親子は、第10次・11次通信使来日の際、一行と詩文を唱和するなど交流を深めた。

　中山道をさらに進むと野洲町小篠原の三叉路に至る。ここで通信使一行は、中山道を左にそれて八幡・彦根へと北上する道に進路をとる。この道は、通称「朝鮮人街道」と呼ばれている。文字通り、朝鮮通信使が通行したことから、その名がつけられた道だ。湖畔を通るので「浜街道」、信長がこの道を京都に上ったことから「上洛道」などともよばれる。また、関ケ原合戦に勝利した家康が上洛した「吉例の道」でもあった。江戸時代には徳川将軍以外、諸大名等には通行が許されなかった、いわば特別縁起のいい道で、唯一、朝鮮通信使には通行が認められていた。このことか

らも、いかに国を挙げて善隣友好に重きを置いて通信使一行を歓迎し、また将軍襲職の慶事をより一層権威あるものにしようとしたかがわかる。

「朝鮮人街道」は、この先、彦根「鳥居本宿」でふたたび中山道と合流するまでの約40キロの道程である。途中、休憩にあてられた近江八幡の西本願寺別院には、第8次通信使の従事官・李邦彦（南岡）の書が残されている。また、当時の八幡町を描いた「江州蒲生郡八幡町絵図」には、朝鮮人街道を「京街道すじ」として明確に示している。

その先、彦根では三使の宿舎になった通称「赤門の寺」宗安寺をはじめ、近隣の寺々で分宿した。宗安寺には、赤門の横手に小さな黒い門がある。かつては差別的に通信使一行を通すための門、と誤解されてきたが、近年の研究により、食材として猪など獣の肉を寺に入れるにあたり、正門（赤門）を避けてこの小門を使ったことがわかった。彦根では藩主井伊家が通信使を歓待した礼として、第4次通信使の正使・任絖が、重臣岡本半介に贈った漢詩が伝わっている。

このように、近江には朝鮮通信使に関係する資料や足跡が色濃く残り、今なお地域住民に親しまれ愛されている。

1）　瀟湘八景＝瀟湘は、中国湖南省洞庭湖の南にある瀟水と湘水のこと。瀟湘八景とは、瀟・湘二水付近の八ヶ所の佳景。平沙落雁、遠浦帰帆、山市晴嵐、江天暮雪、洞庭秋月、瀟湘夜雨、煙寺晩鐘、漁村夕照の八景。

2）　近江八景＝比良暮雪、堅田落雁、唐崎夜雨、三井晩鐘、勢多夕照、粟津晴嵐、石山秋月（以上大津市）、矢橋帰帆（草津市）

（日本学術委員会委員）

名古屋

貫井　正之

名古屋

　江戸時代、幕府は朝鮮から通信使を 12 回来聘（招待）した。使節はおおむね将軍襲職時の慶賀使として来日し、そのつど両国は国書を交換し 200 年以上にわたって友誼を誓いあったのである。朝鮮王朝は国の威信をかけ優秀な人材を選抜し日本へ送った。武の国（日本）に対して文の国（朝鮮）を誇示するためだった。使節は名古屋地域を第 1 次（1607 年）から第 11 次（1764 年）まで 10 回（第 2 次・第 12 次の 2 回は京都・対馬止まり）往還した。彼らの当地滞在はわずか 1 泊の短時間であったが、尾張藩は対馬から江戸まで沿道唯一の御三家で 62 万石の大藩だった。藩は総力を挙げて使節を歓待した。

　一行は美濃大垣を早朝に出立し、中山道から美濃路をとり、尾張名古屋へ向かう。途中の大河である。木曽三川（揖斐・長良・木曽）では朝鮮使節のため舟橋が架橋された。これは将軍上洛と朝鮮使節往還のみに特設されたのである。起川（木曽川）舟橋は尾張藩が分担し、多大な労力と経費を費やした。工期 1 年余、橋長 800 m 余、幅 2.7 m、舟板 3000 枚余、舟数大小 275 隻を要する大規模のものであり、藩内から多数の役夫や漁船が徴発された。昼休は美濃洲股宿（岐阜県大垣市）でとる。

　晩刻、一行は名古屋に到着した。上官三使の宿館は性高院（名古屋市千種区）、その他随行員には周辺の寺院・旅籠・町屋が貸しきられた。一行の文人は遅い夕食をすませるとすぐに名古屋の

学者たちとの詩文交歓会が待っている。ときには夜を徹することもあった。周辺の警護は厳重で士卒隊のほかに鉄砲隊・消火隊まで動員され、一晩中巡回した。泰平の世にこのような警戒が必要であったのか。崇覚寺（同市中区）には行列を描いた「朝鮮通信使絵巻屏風仕立図」、八事山興正寺（同市昭和区）には流麗な筆致と変化に富んだ情景描写の「韓使来聘図」などの絵巻が所蔵され、往時を偲ばせる。

　翌早暁、一行は名古屋を出立し、東海道鳴海宿（同市緑区）で昼食をとった。近隣の阿野坂の医者三田家（愛知県豊明市）には使節の書画、一行のルートから遠く離れた中山道沿いの美濃大湫^{おおくて}宿（岐阜県瑞浪市）には第 6 次（1655 年）正使趙珩の（板刻）漢詩文など使節の足跡を残す。一行は夕刻、岡崎に到着した。

蓬左文庫

　通信使は対馬から江戸、ときには日光まで往還したため沿道各地に多くの足跡をのこしている。日本側の通信使資料登録は精選を重ね名古屋市蓬左文庫蔵本を含め 209 点に絞られた。同文庫は明治維新後、尾張藩の御文庫を基本蔵書にして、蓬左文庫と命名され徳川園（名古屋市東区）に開設された。その後も関係本の蒐集は続けられ、現在は名古屋市の管轄のもとに公開されている。このたび、この文庫から選ばれたのは下記 4 点である。

①「甲申韓人来聘記事」（こうしんかんじんらいへいきじ）

　第 11 次朝鮮使節（宝暦 14・明和元、1764 年）の動向や尾張藩の饗応の様子を当藩朝鮮人御用掛松平太郎左衛門君山が詳細に記録した日記。

②「朝鮮人物旗杖轎輿之図」（ちょうせんじんぶつきじょうきょうよのず）

蓬左文庫（名古屋の徳川美術館に隣接。蓬左文庫提供）

　第12次朝鮮使節（文化8、1811年）の官員・旗・輿図とその解説。幕府接待担当小倉藩主小笠原忠固の家臣猪飼正毅が描いたもの。当使節は対馬止まりであったから同島での接待図。

③「朝鮮人御饗応七五三膳部図」（ちょうせんじんごきょうおうしちごさんぜんぶず）

　第12次朝鮮使節の饗応に用意された七五三の膳部図。本膳に七采、二膳に五采、三膳を盛り込んだ。儀式用の膳で、その後酒食が供された。小倉藩家臣猪飼正毅画。②③は後に尾張藩が入手したと思われる。

④「朝鮮国三使口占聯句」（ちょうせんこくさんしこうせんれんく）

　第7次朝鮮使節（天和2、1682年）の正使尹趾完、副使李彦綱、従事官朴慶俊が尾張藩の接待に感謝した漢詩の連句。

　　　　　　　　　　　　　　　　　　（日本学術委員会委員）

両国国書メモ　　　　　　　　　　貫井　正之

　朝鮮通信使資料の登録数は日韓両国で 333 点となった。なかでも重要な資料は両国で交わされた国書であろう。国書とは国家元首（江戸時代は日本将軍〔大君〕、朝鮮国王）が国名をもって発行する外交文書。前近代・近現代でも国書交換によって相手国との正式な国交関係が成立する。

　朝鮮国王から日本将軍に送った朝鮮国書は 12 通を数えるが、その内 10 通が今も日本に残っている。欠落している 2 通は朝鮮の仁祖王のものであるが、理由は不明。これらの国書は真書（真筆）である（田代和生氏の研究）。

　所蔵先は東京国立博物館に 5 次、6 次、8 次、9 次、10 次、11 次と集中している。その他は京都大学総合博物館に 1 次、2 次、藤井斉成会有隣館に 7 次、外務省外交史料館に 12 次の国書などである。当該資料は東京国立博物館を中心に 4 か所に分散しているが、なぜだろうか。もともと江戸時代、それらは城内の紅葉山文庫に所蔵されていたが、明治維新後、新政府の所管のもとに帝室博物館（東京・京都・奈良）に移管された。その後、各所蔵先に分散したようであるが、詳細な経緯は分からない。

　次に日本の将軍が朝鮮国王に送った日本国書はどうなったのだろうか。これは残念ながら韓国（北朝鮮にはほぼ存在しないと思う）には現在、1 通も残っていない。朝鮮朝時代、日本以上に重視した冊封国明・清と交わした外交文書の真書も見られない。日本と朝鮮の資史料保存体制の相違からである。幸い日本国書は控（「有鄰館」蔵など）や版本（『通航一覧』など）が見

られるから十分補完できる。

　今回の国書登録は朝鮮国書のみとなったが、その史料価値はいささかも損なわれるものでない。しかし、両国国書についてはまだ未解明な点が多く、今後の考証研究の進展を待つ。

静岡

静岡・富士山・清見寺

　白須賀宿から静岡県の旅ははじまる。通信使はあこがれの富士山の姿を求めて東に進み、難所の金絶河（彼らのつけた地名・今切のこと）を舟で越えた。「荒井舟渡奉行」を命ぜられた土屋逵直はこの渡しの無事を祈り、「鎮守稲荷」を創った（新居・神宮寺関所稲荷）。今切の渡しを越えた舞坂宿側には「北雁木跡」（大名・通信使が使用）が遺る。

　舞坂の松並木（現存）に感動しながら進み、浜松宿に泊まる。宿には「漢詩を求めて人々が殺到したのでつい夜を明かしてしまった」と申維翰（享保度製述官）は『海游録』に記している。一方、宿から15キロほど北に離れた井伊氏の菩提寺龍潭寺では、わざわざ彦根まで使者を派遣し雪峯（明暦度写字官）に揮毫を求め、帰寺するやいなや山号・寺号額を造り、山門本堂に懸け、現在にいたっている。

　翌日は天竜川にかけられた船橋を渡り、掛川宿に泊まる。通信使が来るたびに宿からはるか南に離れ遠州灘に面した横須賀などから見物人が殺到し、そのため横須賀城下町は空っぽになったというフィーバーぶりであったという。

　さらに進んで大井川は蓮台で渡った。流れが速く船橋を架けられなかったためである。河口から上流の最末端までの村々から人足が動員された。彼らの争って渡す声と激励のかけ声が響きわたり、通信使を感激させた。

藤枝宿で泊まり、難所の宇津ノ谷峠を越え、安倍川では名物安倍川餅で接待された。駿府では宝泰寺などで昼食をとったが、末寺の僧侶などから通信使は揮毫を求められ、多数の山号額・寺号額が静岡市全域に遺されることとなった。そのなかで天和2年（1682）の写字官雪月堂のものが二カ寺にある。一枚の牛欄寺の扁額は元禄5年（1692）、もう一枚の萬象寺の扁額は元禄15年（1702）に制作されているので、揮毫してもらって10年後に牛欄寺、さらに10年後に萬象寺の扁額が制作されたことになる。その間隔がちょうど10年ごとなので、通信使記念事業として扁額の制作を行ったと推定できそうである。

　宝泰寺で美しい庭を眺め、進んで江尻宿で宿泊した、本陣の宿泊者名簿には、大名に使う「御泊」でではなく、将軍宿泊の際に使用される「旅館」と記載されている。

　さらに東に進むと、1・3回目のとき宿泊した通信使あこがれの「清見寺」を通る。ここには通信使直筆の書が多数遺されている。朴安期、趙珩、兪瑒、南龍翼、趙泰億、任守幹、李邦彦、南聖重、洪啓禧、南泰耆、曹命采、朴敬行、李鳳煥、李命啓、柳逅、趙曮、李仁培、金相翊、南玉、元重挙、成大中、金仁謙、李海文、卞僕、洪善輔、槐翁らの漢詩、また清見寺代11世関榢主忍の書なども入れると実に48点も世界遺産になった。全国一の朝鮮通信使遺産の宝庫というべきであろう。それだけではない。それらの漢詩の多くがおおよそ200年前板額に作られ、現在伽藍の内外を飾っていて、結果的にはいつでも誰でも世界遺産を鑑賞できるようになっている。その仕掛けは明和元年（1764）の通信使と関榢主忍の話し合いの結果である。両者の問答を記録した「筆談記」から推定できる。

　さらに東に進むと難所の薩埵海岸道を通る。その危険を避ける

静岡　清見寺　「東海名区」の扁額 (正徳元年 〔1711〕 の上通事玄徳潤 〔錦谷〕 の筆。しかし右上と左下に明和元年 〔1764〕 の正使趙曧・製述官南玉の鑑賞印が刻まれており、この板額はそれ以後の作)

ために明暦元年（1655）そびえ立つ崖の中腹に道を開いた。本来は通信使のために造営したものであったが、すぐに一般の旅人もここを通るようになった。

　さらに進むと一行は急流の富士川を船橋で渡り、吉原宿に向かった。富士山が大迫力をもって彼らを迎えたので、通信使も興奮して使行録に書き留めている。

　江尻宿から52キロという長旅を三島宿でいやす。接待役を若き浅野内匠頭長矩が務めたこともあった。また宝暦度（1764）の通信使を地元の文人が手ぐすねひいて待ちかまえ、漢詩の交換を行い、両者あわせて102篇の漢詩を遺した。さらに東に進み最大の難所の箱根に向かった。急勾配の山道を、笹を編んで麓から峠

までを覆ったので、通信使を感激させている。それは南伊豆の住民がつくったもので、その負担を避けるためにやがて石畳が敷かれることになった。

　静岡県にもおびただしい日朝交流の歴史が刻まれているのである。

（静岡県朝鮮通信使研究会事務局長）

江戸・日光

仲尾　宏

江戸

　狩野派の隆盛を築いた探幽の養子、益信は「朝鮮通信使歓待図屏風」という大作をのこしている。この絵画は現在、京都の泉涌寺に所蔵されているが、画の主題は江戸での通信使の動静を描いたものである。＜京都市指定文化財＞八双の大きな図柄の右隻の下段は国書輿（龍亭輿ともいう）が旗や幟、そして楽士の演奏につづいて誇らしく進み、ついで正使、副使、従事官たちや警護の日本人、数百疋の馬を牽く人びとをあわせるとその総数はおそらく１千数百人にたっするだろう。その表情は長旅の疲れもみせず晴れやかである。格子を開け放して家々から行列を見物している人びとはおとなしく、あまり美しい着物を着るな、というお達しが奉行所から出ているにもかかわらず楽しげな表情である。上段は町通りをすぎて大名屋敷の連なる一帯を江戸城へ向かう一行が描かれている。左隻は城中にはいった通信使と大広間での国書伝命時場の面を描いたものである。衣冠束帯の正装に身を包んだ大名たちが松の間に居並び、三使臣と堂上訳官３人を宗対馬守が老中に紹介している。一行中の中官たちは正面の白洲にたちならんでいる。さて朝鮮国王の国書は堂上訳官から老中に手交されたが、1711（正徳元）年のみ新井白石の聘礼改革により、将軍に手交され、将軍家から国王の安否を問うことばが発せられた。

　この絵画のほかにも寛永年間の江戸を描いた「江戸図屏風」にも通信使が隊列を整えて江戸城へ進む場面が真正面に描かれてお

り、こちらも写実的な絵画である。朝鮮通信使の江戸入りが国家的な行事であり、人びとに小規模な琉球使節団やオランダ商館長の参府よりもはるかに強烈なインパクトを与えたことがわかる。また民間の画家でも羽川藤永の「朝鮮人来朝図」と名づけられた絵は遠景に富士山、手前の両側は大店が描かれ、遠近法をとりいれた「浮絵」であり、同じ構図に神田祭などの江戸の町人の大行事を描いたものもある。斎藤月岑の「東都歳事記」には張りぼての象を牽く朝鮮人の姿が描きこまれ、江戸の町人たちの異国に対する強い好奇心をうかがわせていて興味深い。

　江戸滞在中の一行はかなり多忙であった。到着後はまず上使の「問慰」があり、ついで国書手交の登城・進見、そして城中での饗宴、馬上才とよばれた曲馬、江戸出立が近づくと将軍からの返簡の受取と内容の点検、そして暇乞いの挨拶まわりなどであっというまに2週間から3週間の滞在日程は過ぎてしまう。

東京・浅草の東本願寺

さて一行の江戸での宿舎であるが、第1回の通信使より1682（天和2）年までは日本橋馬喰町にあった浄土宗の本誓寺であり、この寺院は家康の帰依により、隆盛したかなり大きな寺院であったようで、そのことは通信使側の記録にも記されており、大人数の宿舎として申し分なかったらしい。この本誓寺が1682（天和2）年の大火で消失してしまい、次回の通信使からは浅草の東本願寺別院に変更された。ここも広大な寺地を有しており、大人数の一行の宿として申し分なかったはずであるが、それでも十分でなかったらしく、となりの浅草寺などを借り上げている。

　民衆との接触の機会としては、江戸滞在中の一行の動静でふれたように、市民が一行の姿を見聞きすることは少なくはなかった。また日本橋の白木屋呉服店では通信使見物客のために店の前に茶や酒、豆腐などを提供した事例などが記録されている。

　通信使側も江戸の繁盛ぶりを実感したようで、その繁華は大坂・京都に倍すると表現し、100万都市の実相を伝えている。

日光

　17世紀の前半、朝鮮通信使は3度、琉球王国の慶賀使・謝恩使も3度、江戸から北上して下野の日光への旅路についた。日光の家康廟所が新しく造替されて3代将軍家光がはじめて参詣したのは1636（寛永13）年のことであり、その年末に通信使の日光行きとなったものである。だがこの日光への旅の実現までには大きな波乱があった。というのはいままでの対馬藩による国書改ざん事件が影を落としていたからである。「柳川一件」とよばれたこの事件は家光将軍の直々の裁決で対馬の宗氏は無罪という結末となったのだが、幕閣の中枢には林羅山をはじめ、柳川支持派の

閣僚も多く、彼らは宗氏追放の機会を狙っていた。そこへ家光が
通信使の日光参詣要請をもちだし、その実現の成否が深刻な政治
問題化した。通信使側はこの企画を知らされると、国王の許可も
なく、日程に限りがあるといってこれを断った。その交渉は対馬
藩が説得役を務めたが、林羅山もまきこんで険悪な様相を呈して
きた。日本側は朝鮮側があくまでも断るならば一人も朝鮮へ帰さ
ない、とまでいいだす。最後に通信使たちが折れてようやく日光
行きが実現の運びとなった。けれども通信使側の記録ではこの旅
の目的は「参詣」ではなく、「遊覧」だとして無断で他国の社稷
に詣でたという誹りを避けている。

　さて日光へ向かったのは217人、医師、馬上才、楽士たちは江
戸で残留した。日光までは糟壁、小山、宇都宮近郊、そして今市
で往復とも一泊したから合計で8泊9日の旅であった。この旅が
円滑に進むよう、幕府は、利根川に舟橋をかけたり、各宿の手配
に最大の努力を傾けたことはいうまでもない。なかでも今市では
随行や護衛の人数を合わせると1000人をこす人びとのために新
しく宿館を新設した。一方、沿路の杉並木は成木となりつつあっ
た。

　日光の廟では神橋をわたり石鳥居をくぐって神域にはいること
になるが、1636（寛永13）年の場合は降りしきる雪を口実に「参
拝」はしなかった、と通信使の「使行録」はのべているが、日本
側の記録は「信使拝廟」があったとし、徳川政治の「仁徳」の賜
物として神君家康の賛美と神格化の言を連ねているものが多い。

　ついで1643（寛永20）年の場合は信使来聘の予備交渉の段階
で日本側から日光の家康廟前での儒教儀式による式典の挙行と朝
鮮国王の親筆、銅鐘、その他の供物を求め、朝鮮側も快諾したた
めふたたび朝鮮通信使一行が日光をおとずれることとなった。そ

の銅鐘や楽器などは今も伝わり、目にすることができる。また家康廟前には香炉などの三具足が安置されている。なお親筆とはときの孝宗国王の筆になるもので、家光としてはこの年までに秀忠時代の建物をすべて造替えしたので、その偉容を外国の使臣に見せ、儒式の祭典を挙行したい、という願望があったとしても不思議ではないだろう。ちなみにこのときの信使の来聘の公式理由は「世子誕生祝賀」とされているが世子はまだ２歳であり、通信使が会うことはできないことは当初からわかっていたはずであり、日光での祭典が主目的だった。1655（明暦元）年の通信使は家光が没し４代将軍に家綱がその職を襲ったときの招聘である。まだ12歳の将軍であってみれば、その襲位を外国の使臣から祝意を受けることは新政権の安定ぶりを内外に示すなによりの好機のひとつであった。またこの前には家光の霊廟である大猷院廟が家康の東照宮廟からほど遠くない場所に造営されていた。

　この両方の廟で儒教式の祭典を挙行してもらいたい、というのである。前例のあることとて朝鮮側に特段の異議はなく、このたびも前回と同じさまざまな供物を携えた一行が日光へやってきた。異なるところは大猷殿に２つの銅鐘が献じられたことである。なおこの鐘にも東照宮前の鐘にも現在はその名も説明も一切見られない。ただ東照宮前の鐘の対面にある鐘が「南蛮鐘」

日光家康廟前の三具足

と記されているが、この鐘はただしくはオランダ商館長が江戸参府の際に献じたものである。朝鮮通信使の日光での様子は「東照社縁起」に描かれている。ともあれ前後3回の朝鮮国からの日光訪問は当時の両国の順調な関係を象徴するできごとであり、徳川政権の安定を人びとに印象づける一大行事となったことはまちがいない。

　ユネスコの登録申請物件としては次の3点があげられた。そのひとつは日光山輪王寺所蔵の「朝鮮国王孝宗親筆額字」の原本、ふたつは日光東照宮所蔵の東照社縁起(仮名本5巻のうち第4巻)と同じく東照社縁起（真名本3巻のうち中巻）の3点である。第一のものは栃木県指定文化財、あとの2点は国の重要文化財である。

申請作業にかかわって

先達たちの導き

仲尾　宏

　私が朝鮮通信使の研究をはじめようと決意した動機のひとつに辛基秀、李進熙、姜在彦ら3人の先生の存在が大きかった。3人はともに戦後日本で在日の立場から歴史研究を独自にすすめられ、それぞれ立派な業績をあげられたかたがたである。そして一様に朝鮮通信使のもつ意義の重要性に気づかれた。もうひとりは京都にある高麗美術館の創立者であった鄭詔文さんである。この人はまったく独力で日本各地にある朝鮮の文化財を収集して、のちに高麗美術館を創立された。まだ館創立の以前に私はそのお宅をたずねてコレクションのひとつである「朝鮮通信使行列図」を見せていただいた。多くの文献で語られている

通信使が眼前に蘇っているではないか。そのときの感動は今も新鮮に私の脳裏にある。その絵図はまもなく辛基秀先生の手によって映画「江戸時代の朝鮮通信使」となって人びとの眼前に登場した。

　また上田正昭先生も古代史が専門でありながら、雨森芳洲の思想の重要性に気づかれ、多くの人びとを薫陶された。のちに上田先生とともに京都にある(財)世界人権問題研究センターで仕事をすることになり、先生の息吹を間近に感じえたことも私の研究意欲の向上に大いに役立たせていただいた。

　それらの人びとはすでに泉下の人となられたが、今回、このユネスコ世界記憶遺産の登録達成はそれらの先達のご指導の賜物であることを、あらためて実感している。

　その学恩に感謝しつつ、この書の刊行を皆様とともに喜びたい。

IV

ユネスコ世界記憶遺産
登録資料ガイド

正役

ユネスコ世界記憶遺産登録申請書

申請案件：朝鮮通信使に関する記録
―17 世紀～ 19 世紀の日韓間の平和構築と文化交流の歴史

■概要

　朝鮮通信使に関する記録は、1607 年から 1811 年までの間に、日本の江戸幕府の招請により 12 回、朝鮮国から日本国へと派遣された外交使節団に関する資料である。

　この資料は、歴史的な経緯から韓国と日本国に所在している。

　朝鮮通信使は、16 世紀末に日本の豊臣秀吉が朝鮮国に侵略を行ったために途絶した国交を回復し、両国の平和的な関係を構築させることに大きく貢献した。朝鮮通信使に関する記録は、外交記録、旅程の記録、文化交流の記録からなる総合資産であり、朝鮮通信使が往来する両国の人びとの憎しみや誤解を解き、相互理解を深め、外交のみならず学術・芸術・産業・文化などのさまざまな分野において活発な交流がなされた成果である。

　この記録には悲惨な戦争を経験した両国が平和な時代を構築し、これを維持していくための方法と知恵が凝縮されており、「誠信交隣」を共通の交流理念として、対等な立場で相手を尊重する異民族間の交流を具現したものである。その結果、両国はもとより東アジア地域にも政治的安定をもたらしたとともに、交易ルートも長期間、安定的に確保することができた。

　ゆえに、この記録は両国の歴史的経験に裏付けられた平和的・知的遺産であり、恒久的な平和共存関係と異文化尊重を志向する人類共通の課題を解決するものとして顕著で普遍的な価値を有し

ている。

■申請団体と記録物との関係性（抜粋）

　朝鮮通信使に関する記録は、両国の国家及び地域の行政機関・博物館または大学などに保存されている。朝鮮通信使が長い距離を往来しながら歴史的痕跡を残してきたため、それに関する記録が路程の主要都市（縁地）において伝世していることは当然のことであり、そのことがこの記録のあり方を特徴づけている。

　NPO法人朝鮮通信使縁地連絡協議会と財団法人釜山文化財団は、これまでの朝鮮通信使を顕彰し普及するための多様な事業経験を基に、朝鮮通信使の歴史的・世界的意義をより広く普及するためには、関連記録をユネスコ世界記憶遺産に登録することが必要だという認識を共有したのである。そこで、両国で各自推進委員会を発足させ、傘下に学術委員会を構成し朝鮮通信使関連記録の調査・整理、並びにユネスコ世界記憶遺産としての妥当性と価値などに関する研究と討論を進めてきた。さらに両国の処々に保管されている朝鮮通信使に関する記録の目録作成、科学的保存状態の検討、データベース化などを通し、誰にでも朝鮮通信使の関連記録を閲覧できるようにし、朝鮮通信使が求めてきた平和交流の意義を広く知らせる目的から共同登録申請の主体になったのである。

（『緑地連だより』No .19 から）

日本側の登録資料概要

町 田 一 仁

　日本に所在する登録資料は 48 件 209 点あり、外交記録 3 件 19 点、旅程の記録 27 件 69 点、文化交流の記録 18 件 121 点で構成されている。これら登録資料の主なものとその特徴について記述する。なお、（ ）内は日本側登録資料の目録番号である。

1　外交記録

　外交記録には「朝鮮国書」と「正徳元年朝鮮通信使進物目録」がある。

　「朝鮮国書」は、朝鮮国王が徳川将軍に宛てた「国書」と進物の目録である「別幅」から成る。登録資料は、京都大学総合博物館所蔵の 3 点と東京国立博物館所蔵の 15 点である。

　京都大学総合博物館の「朝鮮国書」（Ⅰ-1）は、対馬藩により改作された 1607 年の国書と別幅、1617 年の国書である。これらは両国の対外的な主張の衝突を回避し、断絶した国交の再開を急ぐ対馬藩によって改作されたものでありながら、現実的には外交文書として機能しており、両国の国交が改作された国書によって再開されたというユニークな史実を証するものである。

　東京国立博物館所蔵の「朝鮮国書」（Ⅰ-2）は、改作された 1617 年の別幅 1 点と、正常な形で朝鮮国から派遣された通信使が持参した国書 6 点、別幅 6 点、将軍世子への別幅 2 点である。国書の文面には「誠信交隣」の精神が満ちあふれており、朝鮮通

信使を介した両国間の平和構築とそれを維持するための努力がみてとれる。

　山口県立山口博物館が所蔵する「正徳元年朝鮮通信使進物目録」（Ⅰ-3）は、1711年に使行した朝鮮通信使が「長門下之関御馳走一番」を謝し、長州藩主毛利吉元に公式な形で贈った進物の目録である。これに記載された進物は、朝鮮人参を除いて現存しており、朝鮮通信使が日本に持参した進物の現品を目録とともに知ることができる稀有な例である。残念ながら進物については記録と見なされないことから、非登録対象である。

2　旅程の記録

　旅程の記録には、朝鮮通信使を応接した各藩の供応記録、朝鮮通信使を視覚的に伝える記録画、朝鮮通信使を画題にした鑑賞画などがある。

　供応記録は、朝鮮通信使のために豪華な調度品で装飾された客館を用意し、饗応を行い、食糧を提供するとともに、通行の支援や警固にあたった日本各地の大名が、その準備、応接状況、滞在中の出来事、事後処理、動員した人馬や船舶、調達した食糧、費用などを詳細に記載した公的な記録であり、朝鮮通信使の動向及び日本側の対応などを事細かに知ることができる。

　これらの記録は、各地に厖大な数が遺されているが、そのうち通信使理解に不可欠で特徴的なもののみを登録対象とし、長州藩、福岡藩、尾張藩、小倉藩のものを選定した。

　山口県文書館が所蔵する「朝鮮信使御記録」（Ⅱ-1）は、1711年の使行時に長州藩が下関及び上関で通信使を応接した記録であ

り、幕命による応接指示から帰路の応接完了時までの通信使御馳走のすべてを網羅している。また、その応接内容は「長門下之関御馳走一番」と高く評価されているものである。

　福岡県立図書館所蔵の「福岡藩朝鮮通信使記録」（Ⅱ-2）は、1763～64年の使行時に福岡藩の黒田氏が筑前相島で朝鮮通信使を応接した記録である。相島着岸時に正使船の一時漂流、副使船の大破などの事件が起き、通信使と福岡藩の間でその責任の所在を巡って紛糾した使行である。この時、朝鮮通信使は相島に23泊24日滞在しており、通信使の苦難の道中を示す代表的な例である。

　「甲申韓人来聘記事」（Ⅱ-3）は1763～64年の使行時の尾張藩の記録であり、将軍家に近い徳川御三家の応接状況がわかるものである。

　「小倉藩朝鮮通信使対馬易地聘礼記録」（Ⅱ-4）は、最後の朝鮮通信使となった1811年の対馬易地聘礼において、将軍代理の幕府上使として国書交換の任にあたった小笠原忠固を藩主とする小倉藩の記録である。最後の朝鮮通信使、易地聘礼の記録として貴重である。

　朝鮮通信使を視覚的に伝える記録画は、朝鮮通信使の行列図や船団図などである。これらは国家的な行事であった朝鮮通信使の様子を視覚的に伝えるために作成されたものであり、さらに細分化すれば国書捧呈のための江戸登城時の行列図、江戸到着及び出立時の行列図、通信使を先導警固する対馬藩の行列図、瀬戸内海を航行する通信使船図、通信使を乗せて淀川を上り下りする川御座船図、通信使のほか旗・杖・轎・輿などの道具や乗物を描写した図、通信使をもてなした饗応膳の図、日本人が驚き絶賛した朝鮮曲馬の馬上才図がある。

行列図のうち、大阪歴史博物館所蔵の「正徳度朝鮮通信使行列図巻」（Ⅱ-7）、高麗美術館所蔵の「朝鮮通信使参着帰路行列図」（Ⅱ-8）と「宗対馬守護行帰路行列図」（Ⅱ-9）は、韓国国史編纂委員会にある「粛宗37年通信使行列図」（韓国Ⅱ-35）と同時に制作されたものである。これらは1711年の使行時に対馬藩が同藩の御用絵師であった俵喜左衛門に命じ、江戸の町絵師40人を動員して制作させ、完成後は対馬藩主や幕府などが所持していたものである。現在は日本と韓国に分散されて保管されているが、このたびの登録で同じユネスコ世界記憶遺産として一体性を取り戻すことは大変意義深い。

　また、下関市立歴史博物館が所蔵する「延享五年朝鮮通信使登城行列図」（Ⅱ-10）は、1747〜48年の使行時のものである。朝鮮通信使が国書を将軍に捧呈するため、江戸城に登城する様子を画く。専門の絵師によるものではないが、江戸で通信使を見聞した群集の一人が画いたもので躍動感がある。加えて江戸庶民の通信使に対する感想や人物評、噂話などが率直に記述されており、大変面白い。例えば「学士は大変な秀才であり、書が大変上手である。」、「朝鮮の人は身分の低い人でも書が上手である。」、「楽隊の人は大食いで大酒呑みである。日本の酒はうまいと言っている。」、「幕府が通信使のために胡瓜を買い占めたので、江戸では胡瓜がなくなって、庶民は困っている。」など、と記録されている。

　船団図においても呉市所蔵の「朝鮮人来朝覚 備前御馳走船行烈図」（Ⅱ-14）は、備前沖を航行する通信使船を見物していた群集の一人がこれを活き活きと画くとともに、大きな通信使船を見た群集の驚きや会話をユーモラスな筆致で記述していて面白い。

　淀川の川上りに使用された川御座船の図は、大阪歴史博物館所蔵の「正徳度朝鮮通信使国書先導船図屏風」（Ⅱ-16）、「正徳度

朝鮮通信使上々官第三船図」（Ⅱ-17）、「朝鮮通信使御楼船図屏風」（Ⅱ-18）がある。朝鮮通信使の淀川上りは、通信使見物の見所の一つであるため、大勢の人々が両岸を埋め尽くし、これを見守った。そのため、川御座船は絢爛豪華に装飾された。

　長崎県立対馬歴史民俗資料館所蔵の「七五三盛付繰出順之図」（Ⅱ-20）と名古屋市蓬左文庫所蔵の「朝鮮人御饗応七五三膳部図」（Ⅱ-21）は、朝鮮通信使をもてなした料理を画いたものである。当時の日本の最高の料理を通信使に提供していたことがわかる。また、松原家所蔵の「馬上才図巻」（Ⅱ-22）と高麗美術館所蔵の「馬上才図」（Ⅱ-23）は日本人に大変人気のあった朝鮮曲馬の馬上才を画いたものである。

　鑑賞画は滋賀県立琵琶湖文化館所蔵の「琵琶湖図」（Ⅱ-24）、大阪歴史博物館所蔵の「朝鮮通信使小童図」（Ⅱ-25）などである。なかでも京都市の泉涌寺所蔵の「朝鮮通信使歓待図屏風」（Ⅱ-27）は、右隻に江戸の町並みと通信使、左隻に江戸城内で歓待される通信使が画かれており興味深い。朝鮮通信使を画題とした鑑賞画は、通信使と日本の風景を組み合わせたもの、通信使ならではの場面を取り上げたものなどがある。異国情緒を漂わせる通信使が特別な存在であったことがわかるものである。

3　文化交流の記録

　文化交流の記録には、雨森芳洲関係資料、朝鮮通信使の詩文、学術交流の記録、朝鮮国王と徳川将軍家の交流記録、朝鮮通信使と徳川将軍家・大名家の交流記録がある。

　滋賀県長浜市の芳洲会所蔵の「雨森芳洲関係資料」（Ⅲ-1）は、

対馬藩儒学者で釜山の草梁倭館において朝鮮外交の実務に携わったこともある雨森芳洲の著述稿本類、文書・記録類、詩稿、肖像画などである。芳洲は1711年及び1719年の2度の使行に随行している。代表的な著書である『交隣提醒』では民族間の文化の相違を尊重し、「誠信」を重んじた日朝外交の必要性を説いている。そのほか、朝鮮通信使製述官の李礥などとの親密な交遊関係を窺うことのできる書状や詩文などがあり、朝鮮通信使を介した両国の平和構築のあり方を考えるうえで意義あるものである。

朝鮮通信使の詩文は、下関の赤間神宮所蔵の「朝鮮通信使副使任守幹 壇ノ浦懐古詩」（Ⅲ-2）、福山市の福禅寺所蔵の「福禅寺対潮楼朝鮮通信使関係資料」（Ⅲ-3）、瀬戸内市の本蓮寺所蔵の「本蓮寺朝鮮通信使詩書」（Ⅲ-4）、近江八幡市の本願寺八幡別院所蔵の「朝鮮通信使従事官李邦彦詩書」（Ⅲ-5）、静岡市の清見寺所蔵の「清見寺朝鮮通信使詩書」（Ⅲ-6）がある。これらは朝鮮通信使が滞在した場所において、三使や製述官などが詠んだ詩である。下関の阿弥陀寺では源平の戦いにより8歳で亡くなった安徳天皇への哀悼、福禅寺では「日東第一形勝」と称えられた鞆浦の景観、本蓮寺では境内の情景、清見寺では三保の松原や富士山などを題材として作詩している。朝鮮通信使は日本の各地での詩作を楽しみとし、やがて慣例化したが、その詩は漢詩創作のテキストとなるなど、日本の学者に学問的な影響を与えた。

学術交流の記録は、下関市立歴史博物館所蔵の「金明国筆拾得図」（Ⅲ-7）、下関市の波田家所蔵の「波田嵩山朝鮮通信使唱酬詩並筆語」（Ⅲ-8）、京都市の慈照院所蔵の「韓客詞草」（Ⅲ-9）、大阪歴史博物館所蔵の「瀟湘八景図巻」（Ⅲ-10）などで、三使や使行の随員と日本の学者などとの間で行われた学術交流を証明する書画や筆談唱和の記録である。このような学術交流を通じて、

相互理解が深まり、双方が文化を受容したのである。

　朝鮮国王と徳川将軍家の交流記録は、日光市の輪王寺所蔵の「朝鮮国孝宗親筆額字」（III-13）である。これは朝鮮国王孝宗が通信使招聘に最も理解の深かった徳川家光を弔うため、その霊廟である日光の大猷院に自筆の書を通信使に持参させたものである。また、朝鮮通信使と徳川将軍家・大名家の交流記録は、日光市の東照宮所蔵の「東照社縁起」（III-14、III-15）、下関市立歴史博物館所蔵の「宝暦十四年朝鮮通信使正使趙曮書帖」（III-16）、名古屋市の蓬左文庫所蔵の「朝鮮国三使口占聯句」（III-18）などがある。これらは朝鮮通信使と彼等をもてなした将軍家や迎接地の大名との良好な関係を物語るものである。

　朝鮮通信使は外交使節であるが、文化使節としての役割も担っていた。日韓両国は、朝鮮通信使を介して文化交流を重ね、人々の間に横たわっていた憎しみと誤解を解き、相互理解を深めたのである。隣国間の平和は、単なる外交儀礼だけではなく、互いに異なる文化を理解する努力、すなわち文化の交流があって、はじめて達成できることを朝鮮通信使は示唆している。このたび、ユネスコ世界記憶遺産に登録された「朝鮮通信使に関する記録」には、悲惨な戦争を乗り越えて平和を構築し維持する方法と智恵が凝縮されているのである。

　ここで紹介した登録資料の一つひとつが、「人の心の中に平和の砦を築く」というユネスコの理念を実現する糧となるものであり、日韓両国のみならず世界中で広く活用されることを願っている。

（日本学術委員会副委員長）

日本側の登録リスト　総数48件　209点

No.	件名（名称）					
	使行年	制作者	制作年代	数量	所蔵	備考

I　外交記録（3件19点）

No.	件名（名称）					
1	朝鮮国書					
	1607 1617	対馬藩作成	1607 1617	3	京都大学総合博物館	重要文化財
2	朝鮮国書					
	1617 ほか	対馬藩作成 朝鮮王朝	1617 ほか	15	東京国立博物館	重要文化財
3	正徳元年朝鮮通信使進物目録毛利吉元宛					
	1711	通信使	1711	1	山口県立山口博物館	重要文化財

II　旅程の記録（27件69点）

No.	件名（名称）					
1	朝鮮信使御記録（県庁伝来旧藩記録）					
	1711	長州藩	1711・12	13	山口県文書館	
2	福岡藩朝鮮通信使記録（黒田家文書）					
	1763〜64	福岡藩	1763・64	15	福岡県立図書館	
3	甲申韓人来聘記事					
	1763〜64	尾張藩（松平君山）	1764	1	名古屋市蓬左文庫	
4	小倉藩朝鮮通信使対馬易地聘礼記録（小笠原文庫）					
	1811	小倉藩	1811	6	福岡県立育徳館高校錦陵同窓会、みやこ町歴史民俗博物館寄託	福岡県指定
5	朝鮮通信使迎接所絵図（土肥家文書）					
			18世紀	1	土肥純子	壱岐市指定
6	江州蒲生郡八幡町惣絵図					
			1700頃	1	近江八幡市（旧伴伝兵衛家土蔵）	近江八幡市指定
7	正徳度朝鮮通信使行列図巻					
	1711	対馬藩（俵喜左衛門ほか）	1711	3	大阪歴史博物館	
8	朝鮮通信使参着帰路行列図					
	1711	対馬藩（俵喜左衛門ほか）	1711	4	（公財）高麗美術館	

	宗対馬守護行帰路行列図					
9	1711	対馬藩（俵喜左衛門ほか）	1711	4	（公財）高麗美術館	
	延享五年朝鮮通信使登城行列図					
10	1747〜48	郡司某	1748	1	下関市立歴史博物館	
	朝鮮国信使絵巻（上下巻）					
11		対馬藩	17〜18世紀	2	長崎県立対馬歴史民俗資料館	重要文化財
	朝鮮国信使絵巻（文化度）					
12	1811	対馬藩	19世紀	1	長崎県立対馬歴史民俗資料館	重要文化財
	天和度朝鮮通信使登城行列図屏風					
13	1682		17世紀	1	大阪歴史博物館	
	朝鮮人来朝覚　備前御馳走船行烈図					
14	1748		1748	1	呉市（公財）蘭島文化振興財団（松濤園）管理	呉市指定
	朝鮮通信使船上関来航図					
15	1763〜64		18世紀	1	宗教法人超専寺	上関町指定
	正徳度朝鮮通信使国書先導船図屏風					
16	1711		1711頃	1	大阪歴史博物館	
	正徳度朝鮮通信使上々官第三船図　供船図					
17	1711		1712	2	大阪歴史博物館	
	朝鮮通信使御楼船図屏風					
18			18世紀	1	大阪歴史博物館	
	朝鮮人物旗杖輴輿之図					
19	1811	猪飼正穀	19世紀	1	名古屋蓬左文庫	
	七五三盛付繰出順之絵図					
20		対馬藩	18世紀	1	長崎県立対馬歴史民俗資料館	重要文化財
	朝鮮人御饗応七五三膳部図					
21	1811	猪飼正穀	19世紀	1	名古屋蓬左文庫	
	馬上才図巻					
22		広渡雪之進	18世紀	1	松原一征長崎県立対馬歴史民俗資料館寄託	対馬市指定

No.	年	作者	年代	点数	所蔵	指定
23	馬上才図					
		二代目鳥居清信	18世紀	1	（公財）高麗美術館	
24	琵琶湖図					
		円山応震	1824	1	滋賀県立琵琶湖文化館	
25	朝鮮通信使小童図					
	1711	英一蝶	18世紀	1	大阪歴史博物館	
26	釜山浦富士図					
		狩野典信	18世紀	1	大阪歴史博物館	
27	朝鮮通信使歓待図屏風					
	1655	狩野益信	17世紀	1	宗教法人泉涌寺	京都市指定

Ⅲ　文化交流の記録（18件121点）

No.	年	作者	年代	点数	所蔵	指定
1	雨森芳洲関係資料					
	1711 1719	雨森芳洲ほか	18世紀	36	芳洲会、高月観音の里歴史民俗資料館寄託	重要文化財 長浜市指定
2	朝鮮通信使副使任守幹　壇ノ浦懐古詩					
	1711	任守幹	1711	1	宗教法人赤間神宮	下関市指定
3	福禅寺対潮楼朝鮮通信使関係資料					
	1711 1747～48	趙泰億 李邦彦 洪啓禧ほか	1711 1747・48	6	宗教法人福禅寺 福山市鞆の浦歴史民俗資料館寄託	福山市指定
4	本蓮寺朝鮮通信使詩書					
	1643 1655 1711	申濡 朴安期 趙珩ほか	1643 1655 1711	9	宗教法人本蓮寺 岡山県立博物館寄託	岡山県指定
5	朝鮮通信使従事官李邦彦詩書					
	1711	李邦彦	1711	1	宗教法人本願寺八幡別院	近江八幡市指定
6	清見寺朝鮮通信使関係資料					
	1643 ほか	朴安期ほか	1643 ほか	48	宗教法人清見寺	静岡県指定
7	金明国筆　拾得図					
	1636or 43	金明国 画 無等 賛	1643	1	下関市立歴史博物館	
8	波田嵩山朝鮮通信使唱酬詩並筆語					
	1763 ～64	南玉 成大中 元重挙	1763・64	6	波田兼昭 下関市立歴史博物館寄託	下関市指定

No.						
9	韓客詞章					
	1711	趙泰億ほか	1711	4	宗教法人慈照院	京都市指定
10	瀟湘八景図巻					
	1682	狩野清真 画 李鵬溟 賛	1682	1	大阪歴史博物館	
11	寿老人図					
	1636	荷潭 画 古賀精里 賛	1636	1	大阪歴史博物館	
12	松下虎図					
	1763〜64	卞璞	1764	1	大阪歴史博物館	
13	朝鮮国王孝宗親筆額字					
	1655	孝宗	1655	1	宗教法人輪王寺	栃木県指定
14	東照社縁起（仮名本）5巻のうち第4巻					
	1636	狩野探幽ほか	1640	1	宗教法人東照宮	重要文化財
15	東照社縁起（真名本）3巻のうち中巻					
	1636	親王・公家	1640	1	宗教法人東照宮	重要文化財
16	宝暦十四年朝鮮通信使正使趙曮書帖					
	1763〜64	趙曮	1764	1	下関市立歴史博物館	
17	彦根藩岡本半介筆録　任絖謝詩並岡本半介唱酬詩					
	1636	岡本半介	1637	1	大阪歴史博物館	
18	朝鮮国三使口占聯句					
	1682	尹趾完 李彦綱 朴慶後	1682	1	名古屋市蓬左文庫	

韓国側の登録リスト　総数63件　124点

No.	件名（名称）					
	使行年	制作者	制作年代	数量	所蔵	備考
Ⅰ　外交記録（2件32点）						
1	通信使謄録					
		禮曹	1641〜1811	14	ソウル大学校奎章閣	
2	邊例集要					
		禮曹 典客司	1841以後	18	ソウル大学校奎章閣	

II 旅程の記録（38 件 67 点）

1	慶七松海槎録					
	1607	慶暹	1607	1	国立中央図書館	
2	呉秋灘東槎上日記					
	1617	呉允謙	1617	1	国立中央図書館	
3	李石門扶桑録					
	1617	李景稷	1617	1	国立中央図書館	
4	東槎日記					
	1617	朴梓	1617	1	ソウル大学校奎章閣	
5	姜弘重東槎録					
	1624	姜弘重	1624	1	国立中央図書館	
6	任㪘判丙子日本日記					
	1636	任絖	1636	1	国立中央図書館	
7	金東溟海槎録上・下					
	1636	金世濂	1636	2	国立中央図書館	
8	金東溟槎上録					
	1636	金世濂	1636	1	国立中央図書館	
9	黄漫浪東槎録					
	1636	黄㦿	1636	1	国立中央図書館	
10	趙龍洲東槎録　申竹堂海槎録上					
	1643	趙絅 申濡	1643 1643	1	国立中央図書館	
11	申竹堂海槎録　癸未東槎日記					
	1643	申濡 作者未詳	1643 1643	1	国立中央図書館	
12	南壺谷扶桑録上・下					
	1655	南龍翼	1655	2	国立中央図書館	
13	南壺谷聞見別録					
	1655	南龍翼	1655	1	国立中央図書館	
14	洪譯士東槎録					
	1682	洪禹載	1682	1	国立中央図書館	
15	金譯士東槎日録					
	1682	金指南	1682	1	国立中央図書館	
16	申青川海游録上・中・下					
	1719 ～20	申維翰	1719	3	国立中央図書館	

			扶桑録		
17	1719 ～20	金瀷	1719	2	国立中央図書館
			随槎日録		
18	1747 ～48	洪景海	1747	2	ソウル大学校奎章閣
			奉使日本時聞見録		
19	1747 ～48	曹命采	1748	2	ソウル大学校奎章閣
			趙濟谷海槎日記　一～五		
20	1763 ～64	趙曮	1763	5	国立中央図書館
			日觀記		
21	1763 ～64	南玉	1763	4	大韓民国国史編纂委員会
			日觀唱酬		
22	1763 ～64	南玉	1763	2	国立中央図書館
			日觀詩草		
23	1763 ～64	南玉	1763	2	国立中央図書館
			日本録		
24	1763 ～64	成大中	1763	2	高麗大学校図書館
			乘槎録		
25	1763 ～64	元重擧	1763	5	高麗大学校図書館
			槎録		
26	1763 ～64	閔惠洙	1763	1	高麗大学校図書館
			溟槎録		
27	1763 ～64	呉大齡	1763	1	国立中央図書館
			癸未随槎録		
28	1763 ～64	卞琢	1763	1	国立中央図書館
			日東壯遊歌		
29	1763 ～64	金仁謙	1763	4	ソウル大学校奎章閣

30	辛未通信日録					
	1811	金履喬	1811	3	忠清南道歴史文化研究院	
31	清山島遊録					
	1811	金善臣	1811	1	国立中央図書館	
32	東槎録					
	1811	柳相弼	1811	1	高麗大学校図書館	
33	仁祖2年通信使行列圖					
	1624	作者未詳	1624	1	国立中央図書館	
34	仁祖14年通信使入江戸城圖					
	1636	作者未詳	1636	1	国立中央博物館	
35	肅宗37年通信使行列圖					
	1711	俵喜左衛門	1711	4	大韓民国国史編纂委員会	
36	槎路勝區圖					
	1748	李聖麟	1748	1	国立中央博物館	
37	倭館圖					
	1783	卞璞	1783	1	国立中央博物館	
38	國書樓船圖					
	未詳	作者未詳	未詳	1	国立中央博物館	

III 文化交流の記録 (23件25点)

1	金世濂等筆跡 (詩)					
	1636	金世濂 等	1636	1	大韓民国国史編纂委員会	
2	兪瑒筆跡 (詩)					
	1655	兪瑒	1655	1	大韓民国国史編纂委員会	
3	李明彦筆跡 (詩)					
	1719〜20	李明彦	1719	1	大韓民国国史編纂委員会	
4	朝鮮通信使詩稿					
	1811	皮宗鼎	1811	1	国立海洋博物館	
5	金義信書帖					
	1655	金義信	17世紀	1	釜山博物館	
6	秦東益筆行書					
	1811	秦東益	19世紀	1	釜山博物館	
7	達磨折蘆渡江圖					
	1636	金明国	1640年代	1	国立中央博物館	

8	墨梅圖					
	1763〜64	卞璞	1764	1	釜山博物館	
9	石蘭圖					
	1763〜64	金有聲	1764	1	釜山博物館	
10	鷹圖					
	1811	李義養	1811	1	釜山博物館	
11	山水圖					
	1811	李義養	1811	1	釜山博物館	
12	山水圖					
	1811	李義養	1811	1	釜山博物館	
13	山水圖					
	1811	松菴	1811	1	釜山博物館	
14	花鳥圖					
	1811	李義養	1811	1	国立海洋博物館	
15	花鳥圖					
	1811	槐園	1811	1	釜山博物館	
16	朝鮮通信使奉別詩稿					
	1811	松崎慊堂等	1811	1	国立海洋博物館	
17	趙泰億像					
	1711	狩野常信	1711	1	国立中央博物館	
18	芙蓉雁圖屛風1隻					
	1747〜48	狩野宴信	1748	2	国立古宮博物館	
19	源氏物語團扇屛風					
	18世紀	長谷川光信	18世紀	1	国立古宮博物館	
20	牡丹圖屛風					
	1811	狩野師信	1762	1	国立古宮博物館	
21	義軒・成夢良筆行書					
	1719〜20	義軒・成夢良	18世紀	1	釜山博物館	
22	朝鮮通信使酬唱詩					
	1682	山田復軒等	1683	1	国立海洋博物館	
23	東槎唱酬集					
	1763〜64	成大中 等	1764	2	国立中央図書館	

日本側の登録リスト詳細情報

番号		件名（名称）	使行年	制作者	制作年代	数量
I-1		朝鮮国書				3 通
	1	李晭書契及別幅	1607	対馬藩作成	1607	2 通
	2	李琿書契	1617	対馬藩作成	1617	1 通
I-2		朝鮮国書				15 通
	1	李琿別幅	1617	対馬藩作成	1617	1 通
	2	李倧書契及別幅	1643	朝鮮王朝	1643	2 通
	3	李淏書契及別幅	1655	朝鮮王朝	1655	2 通
	4	李焞別幅	1682	朝鮮王朝	1682	1 通
	5	李焞書契	1711	朝鮮王朝	1711	1 通
	6	李焞書契及別幅	1719	朝鮮王朝	1719	2 通
	7	李昑書契及び別幅	1747 〜 48	朝鮮王朝	1747	3 通
	8	李昑書契及別幅	1763 〜 64	朝鮮王朝	1763	2 通
	9	李玜別幅	1811	朝鮮王朝	1811	1 通
II-1		朝鮮信使御記録（県庁伝来旧藩記録）				13 冊
	1	朝鮮信使御記録目録	1711	長州藩	1711 〜 12	1 冊
	2	朝鮮信使御記録　一〜十二	1711	長州藩	1711 〜 12	12 冊
II-2		福岡藩朝鮮通信使記録（黒田家文書）				15 冊
	1	朝鮮人来聘記	1763 〜 64	福岡藩	1763	11 冊
	2	朝鮮人帰国記	1763 〜 64	福岡藩	1764	4 冊
II-4		小倉藩朝鮮通信使対馬易地聘礼記録				6 冊
	1	対州御下向海陸日記	1811	小倉藩	1811	2 冊
	2	対州御下向小倉方海上日記	1811	小倉藩	1811	1 冊
	3	対州御滞留日記	1811	小倉藩	1811	1 冊
	4	対州御在館中日記	1811	小倉藩	1811	1 冊
	5	従朝鮮国進献御品守護海陸日記	1811	小倉藩	1811	1 冊
III-1		雨森芳洲関係資料				36 点
	1	交隣提醒		雨森芳洲	1728	1 冊
	2	全一道人		雨森芳洲	1729	1 冊
	3	交隣大昕録		雨森芳洲	江戸中期	1 冊
	4	送使約條私記		雨森芳洲	江戸中期	1 冊
	5	国書書改惣論	1711	雨森芳洲	1711	1 冊
	6	縞紵風雅集・同附集	1711	雨森芳洲	1711	8 冊
	7	韓客唱和集	1711	雨森芳洲	1711	6 冊

番号		件名（名称）	使行年	制作者	制作年代	数量
III-1	8	信使一件并集書	1711	雨森芳洲	1711	2冊
	9	唐金氏宛申維翰詩文	1719	申維翰著 雨森芳洲筆力	1719	1冊
	10	李東郭書状		李東郭	江戸中期	1通
	11	雨森芳洲了簡書草案	1711	雨森芳洲	1711	1巻
	12	李東郭七律	1711	李東郭	1711	1点
	13	道以書翰（玄錦谷筆）		玄錦谷	1726	1通
	14	李東郭七律　附雨森芳洲識語		李東郭 雨森芳洲	1713 1737	1幅
	15	李東郭七絶「遊仙詩」	1711	李東郭	1711	1幅
	16	雨森芳洲肖像			江戸中期	1幅
	17	雨森芳洲跋書控		雨森芳洲著	1753	1冊
	18	京都唱酬	1711		原著1711	1冊
	19	三宅滄溟通信使一行詩文筆談集	1711		原著1711	1冊
	20	韓使五山唱和集	1711	雨森芳洲力	1711	1冊
	21	朝鮮信使東槎紀行			江戸中期	1冊
	22	誠信堂記		雨森芳洲撰	原著1730	1点
	23	雨森芳洲上申書控			江戸中期	1巻
III-3		福禅寺対潮楼朝鮮通信使関係資料				6点
	1	「日東第一形勝」額字	1711	李邦彦	1711	1枚
	2	「対潮楼」額字	1747～48	洪景海	1748	1枚
	3	朝鮮通信使正使趙泰億詩書	1711	趙泰億	1711	1幅
	4	朝鮮通信使副使任守幹詩書	1711	任守幹	1711	1幅
	5	朝鮮通信使従事官李邦彦詩書	1711	李邦彦	1711	1幅
	6	韓客詞花	1747～48	洪啓禧・南泰耆ほか	1748	1巻
III-4		本蓮寺朝鮮通信使詩書				9幅
	1	朝鮮通信使従事官申濡詩書	1643	申濡	1643	1幅
	2	朝鮮通信使従事官申濡詩書	1643	申濡	1643	1幅
	3	朝鮮通信使製述官朴安期詩書	1643	朴安期	1643	1幅
	4	朝鮮通信使正使趙珩詩書	1655	趙珩	1655	1幅
	5	朝鮮通信使副使兪瑒詩書	1655	兪瑒	1655	1幅
	6	朝鮮通信使副使任守幹詩書	1711	任守幹	1711	1幅
	7	朝鮮通信使李邦彦詩書	1711	李邦彦	1711	1幅
	8	朝鮮通信使従事官書記南聖重詩書	1711	南聖重	1711	1幅

番号		件名（名称）	使行年	制作者	制作年代	数量
Ⅲ-4	9	朝鮮通信使製述官李礥詩書	1711	李礥	1711	1幅
		清見寺朝鮮通信使関係資料				48点
	1	朴安期詩書	1643	朴安期	1643	1枚
	2	趙珩詩書	1655	趙珩	1655	1枚
	3	兪瑒詩書	1655	兪瑒	1655	1枚
	4	南龍翼詩書	1655	南龍翼	1655	1幅
	5	趙泰億詩書	1711	趙泰億	1711	2枚
	6	任守幹詩書	1711	任守幹	1711	1枚
	7	李邦彦詩書	1711	李邦彦	1711	1枚
	8	南聖重詩書	1711	南聖重	1711	2枚
	9	洪啓禧詩書	1747～48	洪啓禧	1748	2枚
	10	洪啓禧・南泰耆・曹命采詩書	1747～48	三使	1748	1枚
	11	南泰耆詩書	1747～48	南泰耆	1748	1枚
	12	曹命采詩書	1747～48	曹命采	1748	2枚
	13	朴敬行詩書	1747～48	朴敬行	1748	2枚
	14	李鳳煥詩書	1747～48	李鳳煥	1748	2枚
	15	李命啓詩書	1747～48	李命啓	1748	2枚
Ⅲ-6	16	柳逅詩書	1747～48	柳逅	1748	1枚
	17	趙曮詩書	1763～64	趙曮	1764	1枚
	18	李仁培詩書	1763～64	李仁培	1764	1枚
	19	金相翊詩書	1763～64	金相翊	1764	2枚
	20	南玉詩書	1763～64	南玉	1764	2枚
	21	元重挙詩書	1763～64	元重挙	1764	3枚
	22	成大中詩書	1763～64	成大中	1764	5枚
	23	金仁謙詩書	1763～64	金仁謙	1764	3枚
	24	李海文詩書	1763～64	李海文	1764	1枚
	25	卞璞詩書	1763～64	卞璞	1764	1枚
	26	洪善輔詩書	1763～64	洪善輔	1764	2枚
	27	明和元年（宝暦14年）通信使書記書上	1763～64	通信使書記	1764	1枚
	28	槐翁筆 慶長12年朝鮮通信使詩	1607	槐翁	17～18世紀	2曲1隻
	29	清見寺第11世関棙主忍書状	1764	関棙主忍	1764	1枚
	30	清見寺第11世関棙主忍詩書	1764	関棙主忍	1764	1枚
Ⅲ-8		波田嵩山朝鮮通信使唱酬詩並筆語				6点

番号		件名（名称）	使行年	制作者	制作年代	数量
Ⅲ-8	1	朝鮮通信使製述官南玉筆語書	1763～64	南玉	1763・64	1枚
	2	朝鮮通信使製述官南玉詩書	1763～64	南玉	1763・64	1枚
	3	朝鮮通信使正使書記成大中筆語書	1763～64	成大中	1763・64	1枚
	4	朝鮮通信使副使書記元重挙筆語書	1763～64	元重挙	1763・64	1枚
	5	朝鮮通信使副使書記元重挙詩書	1763～64	元重挙	1763・64	1枚
	6	朝鮮通信使副使書記元重挙詩書（長歌）	1763～64	元重挙	1763・64	1枚

韓国・日本の登録資料所在施設

所蔵			
所在地	電話番号	ホームページ	
件名	使行	制作者	制作年

韓国

国立中央図書館			
ソウル特別市瑞草区盤浦大路 201	02-590-0576	http://www.nl.go.kr/（韓国語）、 http://www.nl.go.kr/japanese/（日本語）	

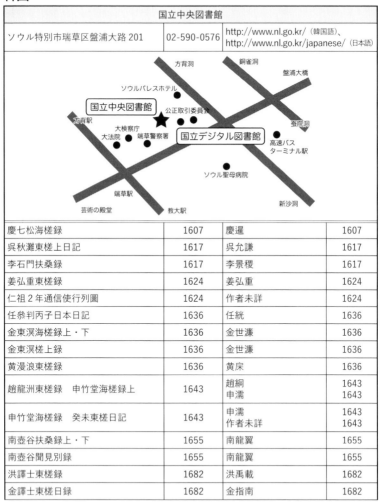

件名	使行	制作者	制作年
慶七松海槎録	1607	慶暹	1607
呉秋灘東槎上日記	1617	呉允謙	1617
李石門扶桑録	1617	李景稷	1617
姜弘重東槎録	1624	姜弘重	1624
仁祖 2 年通信使行列圖	1624	作者未詳	1624
任衆判丙子日本日記	1636	任絖	1636
金東溟海槎録上・下	1636	金世濂	1636
金東溟槎上録	1636	金世濂	1636
黄漫浪東槎録	1636	黄㦿	1636
趙龍洲東槎録　申竹堂海槎録上	1643	趙絅 申濡	1643 1643
申竹堂海槎録　癸未東槎日記	1643	申濡 作者未詳	1643 1643
南壺谷扶桑録上・下	1655	南龍翼	1655
南壺谷聞見別録	1655	南龍翼	1655
洪譯士東槎録	1682	洪禹載	1682
金譯士東槎日録	1682	金指南	1682

申青川海游録上・中・下	1719 〜 20	申維翰	1719
扶桑録	1719 〜 20	金瀗	1719
趙濟谷海槎日記　一〜五	1763 〜 64	趙曮	1763
日觀唱酬	1763 〜 64	南玉	1763
日觀詩草	1763 〜 64	南玉	1763
溟槎録	1763 〜 64	呉大齡	1763
癸未隨槎録	1763 〜 64	卞琢	1763
東槎唱酬集	1763 〜 64	成大中	1764
清山島遊録	1811	金善臣	1811

ソウル大学校奎章閣			
ソウル特別市冠岳区冠岳路 1	02-880-5316	http://kyujanggak.snu.ac.kr/LANG/jp/main/main.jsp	
東槎日記	1617	朴梓	1617
隋槎日録	1747 〜 48	洪景海	1747
奉使日本時聞見録	1747 〜 48	曺命采	1748
日東壯遊歌	1763 〜 64	金仁謙	1763
通信使謄録		禮曹	1641 〜 1811
邊例集要		禮曹 典客司	1841 以後

高麗大学校図書館			
ソウル特別市城北区安岩路 145	02-3290-1503	http://www.korea.ac.kr/mbshome/mbs/university/index.do	
日本録	1763 〜 64	成大中	1763
乘槎録	1763 〜 64	元重擧	1763
槎録	1763 〜 64	閔惠洙	1763
東槎録	1811	柳相弼	1811

国立古宮博物館			
ソウル特別市鐘路区孝子路 12	02-3701-7500	http://www.gogung.go.kr/	
芙蓉雁圖屏風 1 隻	1747 〜 48	狩野宴信	1748
源氏物語團扇屏風	18 世紀	長谷川光信	18 世紀
牡丹圖屏風	1811	狩野師信	1762

国立中央博物館		
ソウル特別市龍山区西氷庫路137(龍山洞 6 街 168-6)	02-2077-9000	http://www.museum.go.kr/ （ 韓国語 ）、http://www.museum.go.kr/site/jpn/home （日本語）

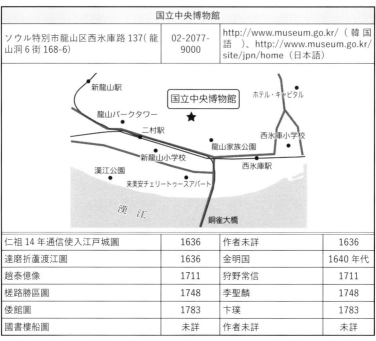

仁祖 14 年通信使入江戸城圖	1636	作者未詳	1636
達磨折蘆渡江圖	1636	金明国	1640 年代
趙泰億像	1711	狩野常信	1711
槎路勝區圖	1748	李聖麟	1748
倭館圖	1783	卞璞	1783
國書樓船圖	未詳	作者未詳	未詳

大韓民国国史編纂委員会		
京畿道果川市教育院路 86	02-500-8239	http://www.history.go.kr/
金世濂等筆跡（詩）	1636	金世濂 他	1636
兪瑒筆跡（詩）	1655	兪瑒	1655
肅宗 37 年通信使行列圖	1711	俵喜左衛門	1711
李明彦筆跡（詩）	1719 ～ 20	李明彦	1719
日觀記	1763 ～ 64	南玉	1763

忠清南道歴史文化研究院		
忠清南道公州市研修院路 103	041-840-5098	http://www.cihc.or.kr/kor/main/main.do
辛未通信日録	1811	金履喬	1811

国立海洋博物館		
釜山広域市影島区海洋路 301 番路　45	051-309-1900	http://www.knmm.or.kr/jpn/main/main.aspx

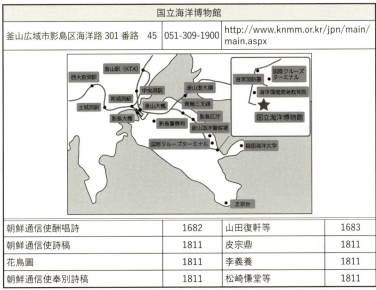

朝鮮通信使酬唱詩	1682	山田復軒等	1683
朝鮮通信使詩稿	1811	皮宗鼎	1811
花鳥圖	1811	李義養	1811
朝鮮通信使奉別詩稿	1811	松崎慊堂等	1811

釜山博物館		
釜山広域市南区ＵＮ平和路 63	051-610-7111	http://japanese.busan.go.kr/museum/index

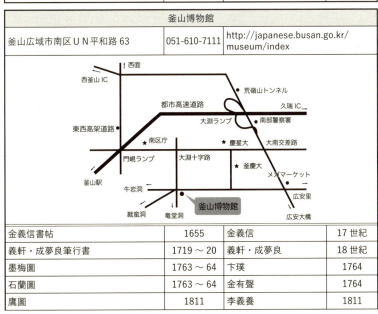

金義信書帖	1655	金義信	17 世紀
義軒・成夢良筆行書	1719 〜 20	義軒・成夢良	18 世紀
墨梅圖	1763 〜 64	卞璞	1764
石蘭圖	1763 〜 64	金有聲	1764
鷹圖	1811	李義養	1811

秦東益筆行書	1811	秦東益	19 世紀
山水圖	1811	李義養	1811
山水圖	1811	李義養	1811
山水圖	1811	松菴	1811
花鳥圖	1811	槐園	1811

日本

長崎県立対馬歴史民俗資料館			
817-0021 長崎県対馬市厳原町今屋敷 668-1	0920-52-3687	https://www.pref.nagasaki.jp/ section/edu-tsushima/	
朝鮮国信使絵巻（上下巻）		対馬藩	17 ～ 18 世紀
七五三盛付繰出順之絵図		対馬藩	18 世紀
馬上才図巻		広渡雪之進	18 世紀
朝鮮国信使絵巻（文化度）	1811	対馬藩	19 世紀

みやこ町歴史民俗博物館寄託			
824-0121 福岡県京都郡みやこ町豊津 1122-13	0930-33-4666	http://www.town.miyako.lg.jp/ rekisiminnzoku/kankou/spot/ hakubutukan.html	
小倉藩朝鮮通信使対馬易地聘礼記録 （小笠原文庫）	1811	小倉藩	1811

福岡県立図書館			
812-8651 福岡県福岡市東区箱崎 1-41-12	092-641-1123	http://www2.lib.pref.fukuoka.jp/	
福岡藩朝鮮通信使記録（黒田家文書）	1763 ～ 64	福岡藩	1763・64

宗教法人赤間神宮			
750-0003 山口県下関市阿弥陀寺町 4-1	083-231-4138	http://www.tiki.ne.jp/~akama-jingu/	
朝鮮通信使副使任守幹　壇ノ浦懐古詩	1711	任守幹	1711

下関市立歴史博物館		
752-0979 山口県下関市長府川端 2-2-27	083-241-1080	http://www.shimohaku.jp/

延享五年朝鮮通信使登城行列図	1747 ～ 48	郡司某	1748
金明国筆　拾得図	1643	金明国 画 無等 賛	1636 or 43
波田嵩山朝鮮通信使唱酬詩並筆語	1763 ～ 64	南玉・成大中 元重挙	1763・64
宝暦十四年朝鮮通信使正使趙曮書帖	1763 ～ 64	趙曮	1763 ～ 64

山口県文書館		
753-0083 山口県山口市後河原 150-1	083-924-2116	http://archives.pref.yamaguchi. lg.jp/
朝鮮信使御記録（県庁伝来旧藩記録）	1711	長州藩	1711・12

山口県立山口博物館		
753-0073 山口県山口市春日町 8-2	083-922-0294	http://www.yamahaku.pref. yamaguchi.lg.jp/
正徳元年朝鮮通信使進物目録 毛利吉元宛	1711	通信使	1711

宗教法人超専寺		
742-1402 山口県熊毛郡上関町大字長島 440	0820-62-0138	
朝鮮通信使船上関来航図	1763 ～ 64		18 世紀

福山市鞆の浦歴史民俗資料館		
720-0202 広島県福山市鞆町後地 536-1	084-982-1121	http://www.tomo-rekimin.org/

福禅寺対潮楼朝鮮通信使関係資料	1711、1747 ～ 48	趙泰億・朴安期・趙珩 ほか	1711、1747 ～ 48

呉市（公財）蘭島文化振興財団（松濤園）			
737-0301 広島県呉市下蒲刈町下島 2277-3	0823-65-2900	http://www.shimokamagari.jp/ facility/shoutouen.html	
朝鮮人来朝覚　備前御馳走船行烈図	1748		1748

岡山県立博物館			
703-8257 岡山県岡山市北区後楽園 1-5	086-272-1149	http://www.pref.okayama.jp/ kyoiku/kenhaku/hakubu.htm	
本蓮寺朝鮮通信使詩書	1643 1655 1711	申濡・朴安期 趙珩ほか	1643 1655 1711

大阪歴史博物館			
540-0008 大阪府大阪市中央区大手前 4-1-32	06-6946-5728	http://www.mus-his.city.osaka.jp/	

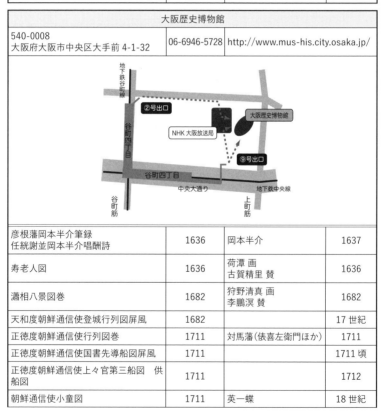

彦根藩岡本半介筆録 任絋謝並岡本半介唱酬詩	1636	岡本半介	1637
寿老人図	1636	荷潭 画 古賀精里 賛	1636
瀟相八景図巻	1682	狩野清真 画 李鵬溟 賛	1682
天和度朝鮮通信使登城行列図屏風	1682		17 世紀
正徳度朝鮮通信使行列図巻	1711	対馬藩（俵喜左衛門ほか）	1711
正徳度朝鮮通信使国書先導船図屏風	1711		1711 頃
正徳度朝鮮通信使上々官第三船図　供 船図	1711		1712
朝鮮通信使小童図	1711	英一蝶	18 世紀

松下虎図	1763 〜 64	卞璞	1763 〜 64
朝鮮通信使御楼船図屏風			18 世紀
釜山浦富士図		狩野典信	18 世紀

京都大学総合博物館			
606-8501 京都府京都市左京区吉田本町	075-753-3272	http://www.museum.kyoto-u.ac.jp/	
朝鮮国書	1607 1617	対馬藩作成	1607 1617

（公財）高麗美術館			
603-8108 京都府京都市北区紫竹上岸町 12	075-494-2238	http://www.koryomuseum.or.jp/	

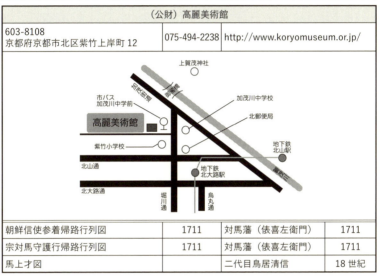

朝鮮信使参着帰路行列図	1711	対馬藩（俵喜左衛門）	1711
宗対馬守護行帰路行列図	1711	対馬藩（俵喜左衛門）	1711
馬上才図		二代目鳥居清信	18 世紀

宗教法人泉涌寺			
605-0977 京都府京都市東山区泉涌寺山内 27	075-561-1551	http://www.mitera.org/	
朝鮮通信使歓待図屏風	1655	狩野益信	17 世紀

宗教法人慈照院			
602-0898 京都府京都市上京区今出川烏 丸上る 相国寺門前町 703	075-441-6060		
韓客詞章	1711	趙泰億ほか	1711

宗教法人本願寺八幡別院			
523-0883 滋賀県近江八幡市北元町 39-1	0748-33-2466	https://hatimanbetuin.jimdo.com/	
朝鮮通信使従事官李邦彦詩書	1711	李邦彦	1711

近江八幡市役所　総合政策部　文化観光課（旧伴伝兵衛家蔵）			
523-8501 滋賀県近江八幡市桜宮町 236	0748-36-5529		
江州蒲生郡八幡町惣絵図			1700 頃

滋賀県立琵琶湖文化館			
520-0806 滋賀県大津市打出浜地先	077-522-8179	http://www.biwakobunkakan.jp/	
琵琶湖図		円山応震	1824

高月観音の里歴史民俗資料館			
529-0233 滋賀県長浜市高月町渡岸寺 229	0749-85-2273	http://www.city.nagahama.lg.jp/ section/takatsukirekimin/	

雨森芳洲関係資料	1711 1719	雨森芳洲ほか	18 世紀

名古屋市蓬左文庫			
461-0023 愛知県名古屋市東区徳川町1001	052-935-2173	http://housa.city.nagoya.jp/	

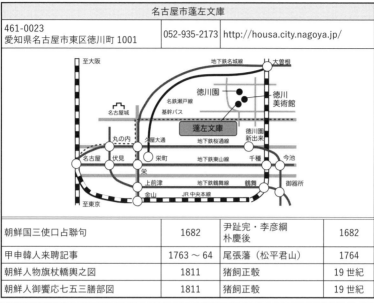

朝鮮国三使口占聯句	1682	尹趾完・李彦綱 朴慶後	1682
甲申韓人来聘記事	1763〜64	尾張藩（松平君山）	1764
朝鮮人物旗杖轎輿之図	1811	猪飼正毅	19世紀
朝鮮人御饗応七五三膳部図	1811	猪飼正毅	19世紀

宗教法人清見寺			
424-0206 静岡県静岡市清水区興津清見寺町418-1	054-369-0028	http://seikenji.com/index.html	
清見寺朝鮮通信使関係資料	1643ほか	朴安期ほか	1643ほか

東京国立博物館			
110-8712 東京都台東区上野公園13-9	03-3822-1111	http://www.tnm.jp/	
朝鮮国書	1617ほか	対馬藩作成 朝鮮王朝	1617ほか

宗教法人東照宮			
321-1431 栃木県日光市山内2301	0288-54-0560	http://www.toshogu.jp/	
東照社縁起（仮名本）5巻のうち第4巻	1636	狩野探幽ほか	1636
東照社縁起（真名本）3巻のうち中巻	1636	親王・公家	1636

宗教法人輪王寺			
321-1494 栃木県日光市山内2300	0288-54-0531	http://rinnoji.or.jp/	
朝鮮国王孝宗親筆額字	1655	孝宗	1655

参考図書

ここでとりあげた図書は主として手にはいりやすく、2005 年以降に刊行されたものである。論文集などは割愛した。なお通信使の使行録と雨森芳洲については最初に掲示した。

申維翰　　　　『海游録』（姜在彦訳、平凡社東洋文庫、1974）

金仁謙　　　　『日東壮遊歌』（高島淑郎訳、平凡社東洋文庫、1999）

雨森芳洲　　　『交隣提醒』（田代和生校注、平凡社東洋文庫、2014）
　　　　　　　（雨森芳洲については、長浜市高月町の芳洲会から他にも数点の著作が刊行されている。）

上野敏彦　　　『辛基秀と朝鮮通信使の時代――韓流の原点を求めて』
　　　　　　　（明石書店、2005）

日韓共通歴史教材制作チーム編著
　　　　　　　『日韓共通歴史教材　朝鮮通信使――豊臣秀吉の朝鮮侵略から友好へ』（明石書店、2005）

仲尾宏　　　　『朝鮮通信使をよみなおす――「鎖国」史観を越えて』
　　　　　　　（明石書店、2006）

金井三喜雄編著
　　　　　　　『21 世紀の「朝鮮通信使を歩く」――ソウル―東京友情ウォーク』
　　　　　　　（ＴＯＫＩＭＥＫＩパブリッシング、2008）

仲尾宏　　　　『朝鮮通信使――江戸時代の誠信外交』（岩波新書、2007）

北島万次　　　『加藤清正・朝鮮侵略の実像』（吉川弘文館、2007）

信原修　　　　『雨森芳洲と玄徳潤――朝鮮通信使に息づく「誠信の交わり」』
　　　　　　　（明石書店、2008）

高正晴子　　　『朝鮮通信使をもてなした料理――饗応と食文化の交流』
　　　　　　　（明石書店、2010）

貫井正之　　　『豊臣・徳川時代と朝鮮――戦争そして通信の時代へ』
　　　　　　　（明石書店、2010）

嶋村初吉編著・訳
　　　　　　　『玄界灘を越えた朝鮮外交官李芸――室町時代の朝鮮通信使』
　　　　　　　（明石書店、2010）

仲尾宏　　　　『朝鮮通信使の足跡――日朝関係史論』（明石書店、2011）

上田正昭　　　『雨森芳洲――互に欺かず　争わず真実を以て交り候』
　　　　　　　（ミネルヴァ書房、2011）

仲尾宏　　　　『朝鮮通信使と京都』（世界人権問題研究センター、2011）
松雲大師顕彰会編
　　　　　　　『四溟堂松雲大師』（正行寺・海鳥社、2012）
北島万次　　　『秀吉の朝鮮侵略と民衆』（岩波新書、2012）
森平雅彦編　　『中近世の朝鮮半島と海域交流』（汲古書院、2013）
永留史彦・上水流久彦・小島武博
　　　　　　　『対馬の交隣』（交隣舎出版企画、2014）
信原修　　　　『雨森芳洲・朝鮮学の展開と禅思想』（明石書店、2015）
夫馬進　　　　『朝鮮燕行使と朝鮮通信使』（名古屋大学出版会、2015）
池内敏　　　　『絶海の碩学』（名古屋大学出版会、2017）

あとがき

　朝鮮通信使のユネスコ世界記憶遺産登録が、パリのユネスコ本部で承認された、という第一報がはいったのは、本書の校正作業がまさに終わろうとしていた日の深夜のことであった。このユネスコ登録がもつ意義は計り知れない。東アジアにおいて、200年余にわたる平和と相互不可侵の土台を築いていたのはこの朝鮮通信使による両国政権の不戦と対等外交の存在による。そして両国の文化が共通の漢字文化圏に属し、儒学や医学・薬学をはじめとする相互理解が容易な文化を共有していたことも200年を支えた好条件であった。

　しかし、この好ましい関係は突然に成立したのではなかった。壬辰倭乱（文禄・慶長の役）という混乱の一時期を克服したい、という双方の意思があればこその成果だった。

　21世紀の現代において、この朝鮮通信使の意義がふたたび問われなければならないのは、悲惨な植民地支配とその責任を認めようとしない容易ならぬ動きが日本の社会にまた蔓延しつつあるからである。朝鮮通信使の成果を知った私たちは、もう一度、その遺産から学びなおす必要があるだろう。この申請は当事者である両国の民間団体や研究者の手によって達成された。ことばをかえていえば「文化のワールドカップ共催」に成功したのである。また、この申請作業を通じて両国の市民があらためて相互の信頼関係を築き、交流を深めることにも成功した。

　本書はそのようなユネスコ登録申請作業の成果の産物から生まれた。そしてこの成果が広く世界に認識されることを通じて、私たち人類が歴史から学ぶことの大切さをあらためてかみしめた

い。本書の行間からそのような思いをくみとっていただければ、
幸いである。

　なお、本書の刊行にあたっては、公益財団法人韓昌祐・哲文化
財団のご協力をいただいた。記して謝意としたい。

2017 年 11 月

編者　仲尾宏・町田一仁

ユネスコ世界記憶遺産登録申請団体

日本

NPO法人　朝鮮通信使縁地連絡協議会

〒817-0022
長崎県対馬市厳原町国分1441番地 対馬市役所 観光交流商工課内
TEL 0920-53-6111 / FAX 0920-52-1214
http://enchiren.com/

韓国

財団法人釜山文化財団

(48543) 大韓民国 釜山広域市 南区 牛岩路84-1
TEL +82.51.744.7707 / FAX +82.51.744.7708
http://jpn.bscf.or.kr/jpn/

執筆者紹介

北村 欽哉（きたむら・きんや）
静岡県朝鮮通信使研究会事務局長
『寺子屋で学んだ朝鮮通信使―大船用文三韓蔵』（羽衣出版）、『富士山と朝鮮通信使行列絵』（静岡県朝鮮通信使研究会）

倉地 克直（くらち・かつなお）
岡山大学名誉教授。
『近世日本人は朝鮮をどうみていたか』（角川書店）、『徳川社会のゆらぎ』（小学館）、『「生きること」の歴史学』（敬文舎）、『江戸の災害史』（中央公論社）など。

齋藤 弘征（さいとう・ひろゆき）
対馬市文化財保護審議会会長・国指定特別史跡金田城跡保存整備委員会委員等。
「街道の日本史（壱岐・対馬と松浦半島）」（佐伯弘次編、吉川弘文館）

佐々木 悦也（ささき・えつや）
長浜市市民協働部歴史遺産課、長浜城歴史博物館副参事（学芸員）
『雨森芳洲と朝鮮通信使―未来を照らす交流の遺産』（執筆・編集、サンライズ出版）、『雨森芳洲関係資料調査報告書』（調査員・執筆、滋賀県教育委員会編）など

仲尾 宏（共編者紹介参照）

貫井 正之（ぬきい・まさゆき）
東海地方朝鮮通信使研究会代表
『豊臣政権の海外侵略と朝鮮義兵研究』（青木書店）、『豊臣・徳川時代と朝鮮』（明石書店）、『韓流ドラマで朝鮮王朝の謎が面白いほどわかる本』（中経出版）など

朴 花珍（パク・ハジン）
釜慶大学史学科教授
『江戸空間の中の通信使』（ハンウル出版社、2010年）、『釜山の歴史と文化』（釜慶大学出版部、2003年）、『日本の文化について』（日本語バンク出版社、2002年）

町田 一仁（共編者紹介参照）

扉絵
朝鮮国信使絵巻（長崎県立対馬歴史民俗資料館）、
朝鮮信使参着帰路行列図、宗対馬守護行帰路行列図（高麗美術館）より

【共編者紹介】

仲尾 宏（なかお・ひろし）
1936 年生まれ。同志社大学法学部政治学科卒業。京都造形大学客員教授。日朝・日韓関係史専攻。
著書：『朝鮮通信使と徳川幕府』、『朝鮮通信使と壬辰倭乱』、『朝鮮通信使をよみなおす －「鎖国史観」を越えて』、『朝鮮通信使の足跡－日朝関係史論』以上、明石書店。『朝鮮通信使－江戸日本の誠信外交』（岩波新書）、『大系 朝鮮通信使』（全 8 巻、辛基秀との共編、明石書店）ほか、多数。
京都国際交流賞、京都新聞学術文化賞受賞。

町田 一仁（まちだ・かずと）
1955 年、下関市生まれ、中央大学文学部史学科卒業。下関市立歴史博物館館長。
著書：『わが町に来た朝鮮通信使』（共著、明石書店、1993 年）、『下関市史』藩制－市制施行（共著、下関市、2009 年）ほか。
論文：「1711 年の朝鮮通信使－下関で起きた二つの事件」（『朝鮮通信使研究』第 19 号、2015 年）、「朝鮮通信使と江戸御馳走役－宝暦の事例」（『朝鮮通信使地域史研究』創刊号、2015 年）ほか。

ユネスコ世界記憶遺産と朝鮮通信使

2017 年 12 月 25 日　初 版第 1 刷発行
2018 年 2 月 25 日　初 版第 2 刷発行

共編者　　　　仲尾宏・町田一仁
発行者　　　　大江道雅
発行所　　　株式会社 明石書店

〒 101–0021 東京都千代田区外神田 6-9-5
電話 03（5818）1171
FAX 03（5818）1174
振替　00100-7-24505
http://www.akashi.co.jp/
組版　　　　　　株式会社三冬社
印刷・製本　　モリモト印刷株式会社

（定価はカバーに表示してあります）　　ISBN978-4-7503-4603-8

〈価格は本体価格です〉